公立中高一貫校に合格させる塾は何を教えているのか

ひとり勝ち「ｅｎａの授業」から分かること

おおたとしまさ

青春新書
INTELLIGENCE

はじめに

1980年代、首都圏における中学受験者は10人に1人にも満たなかった。それが今や5人に1人。都心部に限れば4人に1人以上にもなる。

背景には公教育に対する不安の高まりがあるという論調が一般的には強い。たしかにそれもある。しかし、中学受験を選択することは、すなわち中高一貫教育を希望することを意味する。そもそも「公立を避ける」という意識よりも「できることなら中高一貫教育を選択したい」という意識が、多くの人の胸の内にあるのではないだろうか。

それを証明したのが公立中高一貫校の出現だ。〝格安で中高一貫教育が受けられる〟公立中高一貫校の人気はすさまじい。倍率の高さは私立進学校の比ではない。お金の問題さえなければ、中高一貫教育を望む層がそれだけ存在していたのだ。公立中高一貫校の出現により、「私立を受けるか否か」ではなく、「中高一貫校を受けるか否か」という選択が誰にとっても身近なものとなった。

ただし公立中高一貫校の入試は、私立のそれとはだいぶ違う。正しくは「入学試験」ではなく「適性検査」と呼ばれている。学力試験ではなく、あくまでも、その学校の求める人物像としての適性を見極めるための検査であるというたてまえだ。だから「中学受験」ではなく「中学受検」と書く。

算数や国語という教科の枠は設けられておらず、単なる知識を聞く一問一答形式の問題でもなく、グラフから読み取れることを記述させたり、ほとんど自由作文のような問題が出題されたりする。OECD（経済協力開発機構）のPISA（学習到達度調査）の出題傾向に似ている部分も多いことから、「PISA型問題」などと呼ばれることもある。

これが「知識の量ではなく、読解力や思考力、表現力そのものを試しているので、塾に行かなくても合格することができる」「これは中学受験塾の詰め込み教育では対応できない」「開成に合格できる子でも公立中高一貫校に合格できるとは限らない」と評判になった。

しかも公立であるから授業料は無料。「塾に行かなくていい、授業料も無料なら……」ということで、私立中学受験を考えていなかった家庭でも「公立中高一貫校ならダメもとで受検してみる価値はある」と判断したのだろう。多くの学校で、超高倍率を記録した。中でも2008年に開校した県立千葉中学校は、30倍近い異常な倍率を記録し、話題となった。

しかし、これを見た学習塾の多くのスペシャリストたちは即座に「対応可能」と見破った。中学受験業界関係者の間では、「数年後には、公立中高一貫校の合格者は、塾で勉強した子供だらけになる」との予想が圧倒的だった。そしてその通りになった。

たしかに公立中高一貫校ができた直後の数年は、塾に通わずに合格したというエピソードをいくつも聞いた。しかしそういうケースは年々減ってきている。当初そのような合格者が一定数いた背景には、実は初期の適性検査における構造的な欠陥もあったのだ。詳しくは後述する。いずれにしても、本気で公立中高一貫校を目指すのなら、塾でなんらかの対策は必要と考えたほうが、いまとなっては現実的だ。

いち早く公立中高一貫校の適性検査に特化したコースを設置し、多くの合格者を出すことに成功したのが西東京を中心に教室を展開する学習塾ｅｎａである。

２０１７年度の東京都下の公立中高一貫校11校への合格者総数は７３８名。総募集定員に対するｅｎａの合格者占有率は約5割で、西東京多摩地区の4校に限った占有率はなんと6割を超える。東京都の公立中高一貫校対策塾として、圧倒的な強さを誇っているのだ。全国的に見ても、公立中高一貫校対策でこれだけの実績をあげている塾は珍しい。

ｅｎａでは何を教えているのか。それを明らかにすることで、これまでベールに包まれていた公立中高一貫校対策の実態が見えてくるはずだ。

ただし本書は単なる公立中高一貫校攻略本ではない。公立中高一貫校の出現が、日本の教育全体に与える影響までを考察する。実はすでに、私立中高一貫校受験や大学入試にも関わる大きなうねりが生じているのだ。これは公立中高一貫校の出現がもたらした思わぬ副産物だ。

公立中高一貫校の適性検査対策塾という窓を通して、この国の受験事情全体を少しでも広く見渡す視野を提供する意図をもって、本書を執筆する。

※情報はすべて２０１７年度取材時点のもの。２０１８年度以降は変更になる可能性がある。

目次

第2章　ｅｎａの授業の実況中継

第3章　塾業界vs.公立中高一貫校の攻防

第5章　私立受験にも大学入試改革にも対応

第1章

公立中高一貫校という選択

◆学力試験は行わないたてまえ

１９９９年、学校教育法改正により、中学校進学に「第3の選択」が生まれた。普通の中学校でもない、私立中学校でもない。公立中高一貫校という選択だ。

公立中高一貫校といっても実は3種類ある。

「中等教育学校」と「併設型の中学校・高等学校」はどちらも、必修教科の授業時数から選択教科の授業時数への振り替え、中学校と高校の指導内容の入れ替え、前倒し、後ろ倒しなど、カリキュラムの自由度が高まるような特例が認められている。

中等教育学校にはそもそも中学校と高校という区別がない。中学校相当部分を「前期課程」と呼び、高校相当部分を「後期課程」と呼ぶ。後期課程からの入学枠はない。

併設型は高校からも入学枠がある。いずれも、既存高校に新しく中学校または前期課程を追加する形で発足することが多い。

残るひとつは「連携型」。既存の中学校と高校の間で人的交流を図り、一部の生徒は中学校から高校へ簡便な試験だけで入学できるようにする形。一般的に想起される中高一貫校のシステムとはだいぶ違う。

公立中高一貫校を特徴付けるもののひとつが「適性検査」だ。

公立中高一貫校では、たてまえとして学力試験は行わないことになっている。そこで、適性検査というしくみが登場した。適性検査では、国語・算数・理科・社会などの教科の概念がない。作文や、長文読解を伴う記述式の問題で、一般には論理的思考力や表現力を見る問題が多いといわれている。「試験」ではなく「検査」であることから「受験」と区別して「受検」という漢字が当てられている。

法改正後、しばらくは私立中高一貫校のない地方での「連携型」校の開校が主だった。しかし、2002年に静岡県立浜松西と岡山県立岡山操山が開校すると状況は変わる。両校とも県下有数の進学校。「伝統校に中学校から入れる。しかも学力試験はないらしい」ということから、高倍率を記録。公立高校の人気低下に悩んでいた各自治体は「進学校の中高一貫化」という戦略を真似るようになる。ここから公立中高一貫校の存在意義は大きく変わっていく。

◆「ゆとり」から「リーダー育成」へ

もともと、公立中高一貫校はいわゆる「ゆとり教育」の一貫として提案された。文部科学省は中高一貫校のメリットの1つを「ゆとりある学校生活。安定した環境の中で、6年間の学校生活を送ることができる」としている。高校進学のための受験勉強をしなくてよいことを指しているに違いない。

1999〜2001年ごろの初期に開校した公立中高一貫校の教育方針を見ると、「ゆとり」の言葉が目立つ。しかし進学校の中高一貫化が始まる2002年以降は、「リーダー」という言葉が必ずといっていいほど登場する。

2005年、ついに東京にも公立中高一貫校として都立白鷗が開校する。初年度の志願倍率は13・21倍という人気ぶり。その後、東京都では小石川、両国、武蔵、三鷹、富士など、名だたる進学校が中高一貫校化を果たした。

全国で公立中高一貫校開校ラッシュとなる中の2008年、千葉県では県下随一の進学校・県立千葉が中高一貫校化。初年度の志願倍率は27・06倍という驚異的な倍率を記録し、話題を呼んだ。同じ年、静岡県立浜松西と岡山県立岡山操山の中高一貫1期生が卒業。予想以上の大学進学実績を残し、公立中高一貫校の存在感は飛躍的に増した。

同時に公立中高一貫校に対する批判も出始めた。高倍率に加え、学力試験ではないはずの適性検査で難解な問題が頻出したからだ。政府の規制改革会議では「難関化して小学校の勉強では合格できず、公教育として問題だ」との指摘があった。

ただしすべての公立中高一貫校が人気になるわけでもない。失敗例もある。２００９年、香川県立高瀬のぞみが丘中学校が募集をやめた。２００２年に併設型の中学校として設置されたばかりだったが、生徒が集まらなかったのだ。

文部科学省によれば、公立中高一貫校は「中等教育のより一層の多様化を推進するもの」。子供や保護者にとっての選択肢が増えたことになっている。しかし、思わぬ形で「選択を迫られる」ケースも出てきた。

中高一貫化によって人気の進学校の高校入学枠が減少したからだ。ただでさえ難関校とされていた学校への高校からの入学がさらに難しくなる可能性が高くなったのだ。ましてや行きたかった高校が中等教育学校になってしまえば、高校からは入学できない。

いわゆる2番手校が中高一貫校化することで、トップ校がダメなら一気に3番手校までレベルを落とさなければならないという状況もあり得るようになった。私立中学受験を考えていなかった子供や保護者も、小学生のうちから「中学受検」という新しい選択肢を選ぶかどうか、迫られるようになった。

公立中高一貫校は、今後も増えるのか。文部科学省は「通学範囲の身近なところに数多く設置されることを目標」としている。このことから、制度発足当初は全国の学区に少なくとも1校ずつ、つまり全国に約500校以上が設置される予定と解釈された。2016年度時点で私立も含めれば約600校に迫るものの、公立に限ると連携型を含めても200校弱にとどまっているのが現状だ（図1）。

◆都立中高一貫校を世に知らしめた「白鷗ショック」

2011年には東京都の公立中高一貫校第1号である白鷗が1期生で5名の東大合格者を出し、「白鷗ショック」と騒がれた。2012年には都内の公立中高一貫校4校からあわせて14名の東大合格者が出た。都内の公立中高一貫校はさらに注目を集めることになる。翌年から倍率が跳ね上がりそうなものであるが、実際にはそうはならなかった。このころから、「ちゃんと対策しないと受からない」ことがわかってきて、無謀な「記念受検者」が減ったからだ。

その分、受検者の本気度は上がっている。倍率は横ばいでも、難易度は上がる。白鷗ショック直前の2011年入試と2017年入試における四谷大塚の結果偏差値（合格確率80％）を比べると、公立中高一貫校の偏差値が軒並み上がっていることがわかる（図2）。

【図1】中高一貫教育校数の推移

（平成27年度の設置状況）

	中等教育学校	併設型	連携型	合計
公立	31	83	80	194
私立	17	375	4	396
国立	4	1	0	5
合計	52	459	84	595

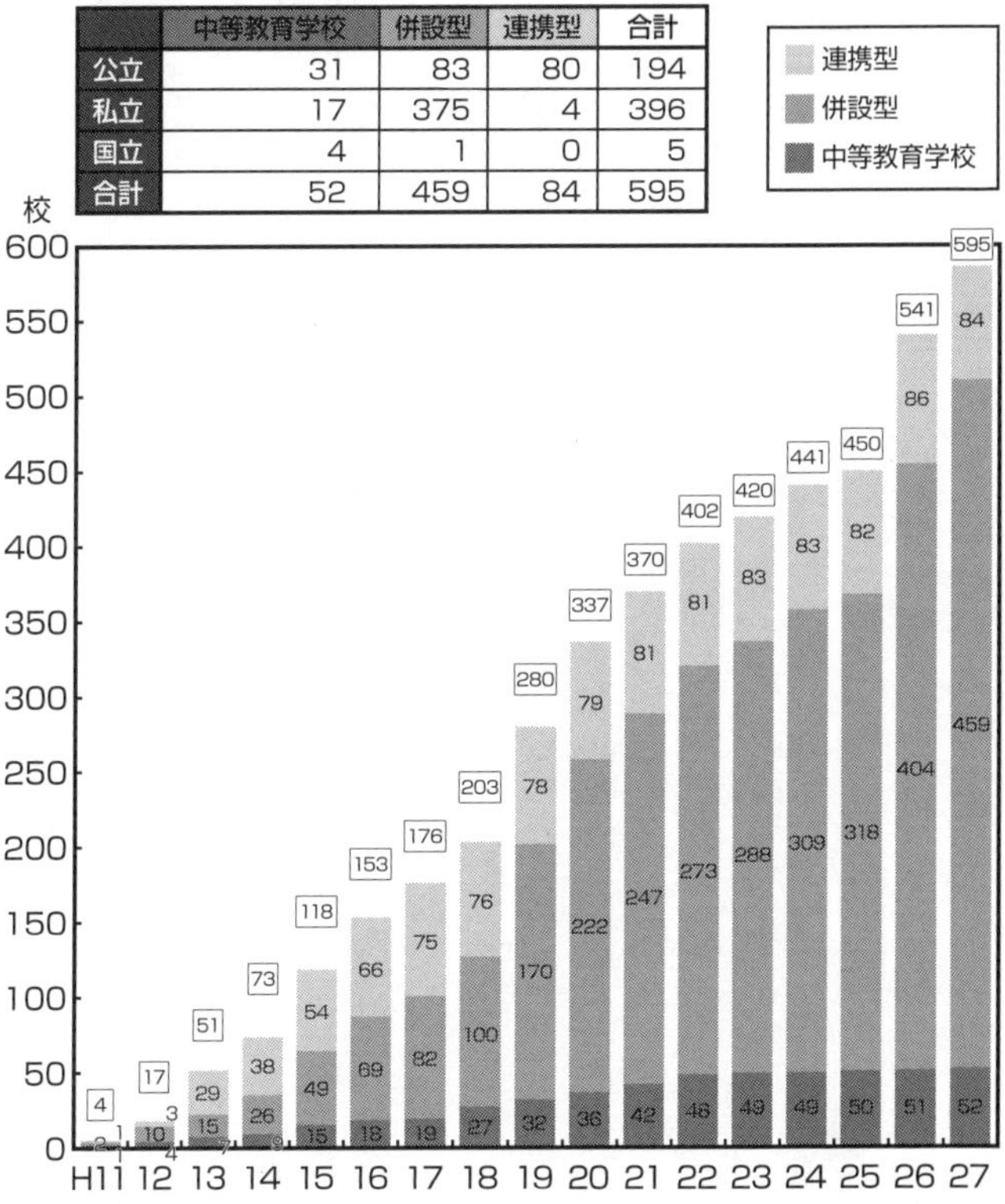

文部科学省「学校基本調査（平成27年度）」
※平成25年度までは、「高等学校教育の改革に関する推進状況調査」

２０１７年の偏差値を見ると、小石川で男女ともに64。これは同日に入試を行う、慶應義塾中等部（男子）、神奈川御三家の浅野、人気女子校の鷗友などに匹敵する難易度だ。同様に武蔵で男子61／女子64、両国で男子60／女子62。私立中高一貫校受験でも難関校の部類に入る偏差値帯だ。

適性検査の問題は一般的な中学受験用の模試の問題傾向とはまったく違うため、四谷大塚の模試の偏差値は参考程度に見るべきだが、それでも公立中高一貫校の難関化が進んでいることがうかがえる。

その後も総じて見れば、都内の公立中高一貫校は着実に大学進学実績を伸ばし、２０１７年の大学入試では、東大に、小石川から14人、武蔵と大泉から各６人、都内の公立中高一貫校から合計で40人もの合格者が出ている。京都の洛北と市立西京が、京大にそれぞれ21人と34人の合格者を出していることも注目に値する。

もっと進学実績のいい普通の高校は各都道府県にある。たとえば東京都であれば、日比谷、西、国立あたりの大学進学実績に比べれば、小石川や武蔵の実績も見劣りする。しかし、大学進学実績だけで公立中高一貫校の価値を測るのは間違いだ。日比谷や西では得られないものが、小石川や武蔵で得られる可能性がある。中高６年一貫教育という環境がも

【図2】都内の公立中高一貫校 偏差値

	男子		女子	
	2011年	2017年	2011年	2017年
小石川	62	64	62	64
武蔵	61	61	62	64
両国	58	60	60	62
桜修館	55	61	55	62
立川国際（一般）	55	57	57	59
九段（B・都内）	54	58	55	60
富士	53	57	55	58
三鷹	53	58	55	58
南多摩	53	58	55	60
大泉	52	60	54	60
白鷗（一般）	52	57	53	59

四谷大塚　結果80偏差値

たらす恩恵である。

◆中高一貫教育が欧米のスタンダード

「中高一貫校」と聞くと、その呼称から、中学校と高校を合体させてしまったものと思っている人は多いかもしれないが、そもそも実はまるで逆。

日本の中学校・高校に相当する教育は、世界的には「中等教育」と呼ばれている。ちなみに小学校が「初等教育」、大学以降が「高等教育」。中等教育はいわゆる第二次性徴期に当たる教育のこと。

実際多くの欧米先進国では、中等教育は「セカンダリースクール」や「ハイスクール」と呼ばれ、中学校と高校に分かれていない。アメリカでは州によって「ハイスクール」を前期と後期に分けているが、日本のように厳しい高校受験があるわけではない。日本でいうところの連携型中高一貫校に近い。つまり中高一貫教育が世界でのスタンダードなのだ。

日本でも戦前は欧米型に倣っていた。小学校を卒業し、さらに上の学校に進む場合、五年制の旧制中学校もしくは七年制の旧制高校に進むという選択肢があった。五年制の旧制中学校とはまさに現在の中高一貫校にほぼ相当する13歳から17歳くらいの子供を教育する学校。七年制の旧制高校は、今でいう大学の前期2年間の教養課程に相当するところまでやってしまおうという、いわば、中高大一貫教育だった。

しかし、戦後、学制改革が実施された。本当は中等教育をまるごと義務教育化したかったのだが、予算の関係で、前期中等教育までとなった。そのため、結果として中学校と高等学校が別々に設けられることになったのだ。日本では、そのとき中等教育がど真ん中で分断されてしまった。

戦後、公立の旧制中学校は新制の高校へと姿を変えたが、多くの私立五年制旧制中学校および私立七年制旧制高校は実質的な体制を変えず中高一貫校へと移行した。つまり中学校と高校を合体したものが中高一貫校なのではなく、もともと1つの学校だったのだ。

◆中高一貫校で学力が伸びやすい理由

中等教育の真ん中に高校受験がないことのメリットを、学力と人格形成の両面から挙げる。ここには公立中高一貫校も私立中高一貫校も関係ない。

まず学力面でのメリットについて。

心理学者のピアジェは、だいたい11歳くらいで子供の認知能力が大きく変わることを発見した。11歳くらいまでは「具体的操作期」といって、実際に目に見える、手で触れる具体的な世界のことしか理解できない。抽象的思考はまだまだ苦手。しかし11歳くらいを過ぎると、「形式的操作期」という時期に移行し、抽象的な思考が得意になるのだ。近年では脳科学的にもこれが裏付けられてきている。

つまり初等教育とは具体的操作期に当たる時期に、具体的に目に見える事象についての知識を得て、それを活用する思考力を鍛える時期だといえる。だから算数でも理科でも、小学校ではどれも身近なものを題材にした具体的なことを学んでいる。しかし中等教育では、代数とか化学とか、目に見えない世界について学ぶ。形式的操作期に当たる時期に、抽象的な知識を得て抽象的な思考の訓練をする時期なのだ。

しかし、日本では中等教育の真ん中に高校受験がある。中等教育という「大きな塔」を建てるのに、その工期の途中で塔の高さを比べるようなもの。基礎工事はほどほどにして、できるだけ上へ上へと伸ばすほうが有利となる。

一方中高一貫校では、高校入試がないので、中学校のうちにしっかりと基礎を固めることができる。理科では実験を繰り返し、社会ではフィールドワークや討論に時間を費やすことができる。数学においても速さや正確さは後回しにできるので、骨のある証明問題にじっくり取り組み、数学的思考の足腰を鍛えることができる。目先の１点２点を気にしなくていいので、しっかりとした土台を築くことができるのだ。

その土台があるからこそ、高校になってから少々のことではゆるがない「大きな塔」を建てることが可能になる。だから中高一貫校の多くは高い進学実績を残すことができるのだ。中高一貫教育が大学受験に有利なのは、先取り教育ができるからではない。「真のゆとり教育」を行う時間的余裕があるからなのだ。

◆「中だるみ」できることこそ中高一貫校のメリット

次に人格形成面でのメリット。

生まれてから思春期に突入するまで、親の価値観の中で成長する。親の期待に沿う「いい子」であろうとする。しかしその枠を壊し、自分なりの価値観を築こうと葛藤するのがいわゆる反抗期。直接的に親や教師に反抗してみる場合もあれば、親や教師の期待を裏切るという形で間接的に反抗してみる場合もある。

反抗というと聞こえが悪いが、要するに親の力に頼らず、自分の力でどこまでやれるのかを試しているのである。だから、たくさんの寄り道をする。そうやって自分の世界を広げるのだ。その中で自分なりの限界が見えてくる。

紙と鉛筆でする勉強だけでなく、親とは違う価値観をもつたくさんの人に会い、いろいろなことを体験し、自らの頭で必死に考える経験を通して、自分なりの価値観が形成される。思春期にしっかり反抗し「中だるみ」を経験してこそ、精神的な自立が得られる。

それなのに、日本では高校受験があるので、十分に反抗や「中だるみ」をする余裕がない。精神的に自立できないままの青年が育ったとしても、それは本人のせいとは言い切れない。

「中だるみ」を中高一貫教育のデメリットだとする意見もあるが、それはペーパーテストに反映される学力という側面からの話であって、本来は思う存分「中だるみ」ができることこそ、中高一貫校に通う最大のメリットなのだ。

骨格や筋肉が最もよく発達する時期に運動に打ち込むことも、自分の興味がある分野の本を徹底的に読むこともできる。趣味に没頭する時間もある。一方でクラスメイトと内申点を争う必要はない。

さらに上下6年間の幅広い異年齢集団に身を置くことにも大きな価値がある。

中学1年生の時点で、高校3年生を最高学年として間近に見ることができる。すると、親や教師に対して反抗的に振る舞う中学3年生よりも、親や教師と大人同士のように付き合えている高校3年生のほうがかっこいいということが理屈抜きで理解できる。「5年後には自分も反抗期を過ぎてああなるのだ」という未来予測ができるので、反抗期においても過度に反抗的に振る舞う必要を感じなくなる。自分も早く先輩たちのような「大人」になりたいと自然に思えるようになる。

逆に高校生になると、やんちゃな中学生を先生のかわりにたしなめるようになる。そうやって自分の成長を自覚する。

多感な時期を過ごす環境として、中高一貫校は恵まれているのだ。だから生徒一人の才能が、個性が、花開きやすい。

◆初期の適性検査での構造的欠陥

中高一貫校にこれだけメリットがあるとしても、その恩恵にあずかるには、かつては私立中高一貫校を受験するよりほかになかった。受験勉強も特殊だし、何より6年間の学費がかかる。経済的にかなり裕福な家庭の子だけが受けられる恩恵だった。

そこに公立中高一貫校が登場することで、12歳の選択肢が増えたというわけだ。人気が過熱するのも無理はない。

その公立中高一貫校に入るためにはどうしたらいいのか。私立中学入試とは違って、小学校の成績が評価の対象になることは全国共通だが、それ以外の選抜の方法は都道府県によって違う。

たとえば千葉県立の公立中高一貫校では、1次検査で「適性検査1-1」と「1-2」、2次検査で「適性検査2-1」と「2-2」と「集団面接」がある。埼玉県立では、1次選考で「作文Ⅰ」と「作文Ⅱ」、2次選考で1人あたり10分程度の「個人面接」がある。神奈川県立では、「適性検査Ⅰ」「適性検査Ⅱ」と「グループ活動による検査」がある。

東京都の場合、面接がない。これが全国的に見て非常に珍しいことは東京ではあまり知られていない。

東京都の公立中高一貫校の適性検査は基本的に、「適性検査Ⅰ」「適性検査Ⅱ」からなる。

「適性検査Ⅰ」は、いわゆる「作文」だ。何らかの課題が与えられて、それに対して自分の経験や意見を踏まえた400~600字程度の作文を書かされる。問題用紙も回答欄も縦書きだ。検査時間は45分間。

「適性検査Ⅱ」は、3つの大問からなる。問題用紙も回答欄も横書きだ。国語・算数・理科・社会のような区分けはないが、1は主に算数分野、2は主に社会科分野、3は主に理科分野に主眼が置かれている。検査時間は45分間。

さらに「適性検査Ⅲ」を実施する学校もある。検査時間が30分の場合と45分の場合とがあるが、基本的な出題形式は「適性検査Ⅱ」に似ている。理数的分野からの出題が多い。

2014年度までは各校が「適性検査Ⅰ」も「Ⅱ」も「Ⅲ」もすべて独自に作問していた。しかし2015年度からは「共同作成問題」を設定し、その一部を独自問題に差し替える方式に変更になった。

方針転換の背景として、ena小学部長の山口真さんは、初期の適性検査に見られた構造的な欠陥を指摘する。

「開校当初の各校の適性検査問題は優れた問題であったことはたしかですが、難問が多すぎました。小学生の実像に合っていなかった。その結果、適性検査Ⅱの合格者平均が3割程度でほとんど差がつかず、結局適性検査Ⅰの作文の善し悪しで合否が決まっていたというケースもありました。ひどいときには適性検査Ⅲで0点だった受検生が合格していることもありました。これでは選抜の機能を果たさないということで、選抜試験としての精度を担保し、均質化するために、共同作成問題を導入したのではないでしょうか」

各校が問題作成にかける人的・時間的コストの削減や学校間の問題重複の回避といった目的ももちろんあるだろうが、最大の理由は、選抜試験としての精度を高めることではないかというのだ。

ｅｎａ小学部代表の川崎薫さんが補足する。

「選抜の精度を上げるのはいいのですが、行きすぎると私立中高一貫校の入試問題にどんどん近づいていってしまう可能性があります」

◆地方には適性検査を実施しない学校もある

２０１８年度の東京都の公立中高一貫校の独自問題導入状況をまとめたものが図3だ。「適性検査Ⅲ」を実施する学校では相対的に「適性検査Ⅰ」の配点割合が下がり、より理数的学力に重点を置いた選抜が可能になる。

２０１７年度の東京都共同作成問題の「適性検査Ⅰ」と「適性検査Ⅱ」をそのまま章末に掲載する。かなり縮小してしまったので見づらいとは思うが、適性検査がどういうものなのか、実際の問題を見て感じてほしい。

私立中高一貫校入試のような難問奇問は出ないとはいっても、かなりの問題数である。

【図3】都立中高一貫校 独自問題の導入状況

学校名	適性検査Ⅰ	適性検査Ⅱ1	適性検査Ⅱ2	適性検査Ⅱ3	適性検査Ⅲ
桜修館中等教育学校	**独自**	**独自**	共同	共同	なし
大泉高等学校附属中学校	共同	共同	共同	共同	**独自**
小石川中等教育学校	共同	共同	**独自**	共同	**独自**
立川国際中等教育学校	**独自**	共同	共同	共同	なし
白鷗高等学校附属中学校	**独自**	共同	共同	共同	**独自** ※
富士高等学校附属中学校	共同	共同	共同	共同	**独自**
三鷹中等教育学校	**独自**	**独自**	共同	共同	なし
南多摩中等教育学校	**独自**	共同	共同	共同	なし
武蔵高等学校附属中学校	共同	共同	**独自**	共同	**独自**
両国高等学校附属中学校	**独自**	共同	共同	共同	**独自**

※白鷗は2018年度から適性検査Ⅲを実施することを発表している

これをそれぞれ45分で解かなければいけないのだから、実はそれほどじっくり考える時間が与えられているわけではない。解きやすい問題を選んで解く、作文のネタを用意しておくなどのテクニックを含め、やはりそれなりに対策をしなければ太刀打ちできないことがわかるのではないだろうか。

ちなみに「適性検査Ⅰ」や「作文Ⅰ」など呼称が意味するものは都道府県によって異なる。たとえば埼玉県の「作文Ⅰ」は東京都の「適性検査Ⅰ」同様に縦書きの問題だ。「作文Ⅱ」は東京都の「適性検査Ⅱ」と同様に横書きの問題だ。

本書では以降、東京都の「適性検査Ⅰ」の形式に似た問題を「縦書きの適性検査」、同「適性検査Ⅱ」の形式に似た問題を「横書きの適性検査」と呼ぶこととする。

各県下にあっても、市立の中高一貫校では県立とは違う方式をとっている場合がある。さらに地方では、小学校からの報告書、作文、面接だけで選抜される学校もある。

「適性検査Ⅰ」問題 （2017年度 東京都共同作成問題）

1 **文章1** と **文章2** を読み、あとの問題に答えなさい。
（*印の付いている言葉には、本文のあとに〔注〕があります。）

文章1

うちにある鍋《なべ》は、そうとう古い。若《わか》い頃《ころ》、実家から出たときに買ったもので、今もそのまま使っている。そのころそろえたのは、鉄製のフライパンと*中華鍋《ちゅうかなべ》、大小の*片手鍋《かたてなべ》に*寸胴鍋《ずんどうなべ》の五つである。一人暮《ひとりぐ》らしを始めたばかりにしては、けっこう多い気もするが、二十五年間、それだけで巻《ま》き寿司《ずし》やら、ギョーザやら、*くん製やら、いろいろつくってきたわけで、この先もこの五つで十分だろうと思う。

そう人に話すと、なぜヤカンがないのかと言われた。考えてみれば、私《わたし》は自分でヤカンを買ったことがない。お茶を入れるときは、小さい方の片手鍋を使っていた。その姿《すがた》がよほど情けなく思えたのか、母が一万七千円の*ケトルを買ってくれたが、気がつけば、やっぱり片手鍋で湯をわかしている。

洗《あら》いやすいし、沸騰《ふっとう》するのがすぐわかって*空だきすることもないし、使う分だけわかせるし、とっても便利だと思うのだが、母は「もう、情けない」と嘆《なげ》くのだった。お湯は、ヤカンでわかすものという頭なのだろう。

そういえば、うちはコンロの下についている魚焼きグリルでパンを焼く。これも、母いわく「情けない」ことらしい。トースターぐらい買えと怒《おこ》る。が、私は、そんなものは、*かさ張るので買いたくない。魚焼きグリルで焼くとパンが生臭《なまぐさ》くならないのかと心配する人がいるが、そんなことはなく、トースターで焼くより、うまそうに仕上がるのである。買ってきたピザやフライを温め直したりと、とても便利に使っているのだが、みんなはそんなふうに使っていないのだろうか。使っていないのなら、魚焼きグリルという名前がよくないのではないかと思う。

〇〇用と言われると、それ以外のことで使うのは、ちょっと気がひける。犬用の食器と言われれば、新品でも人間が使うのは、ちょっとなぁと思ってしまう。最近は、しょうゆでも*用途《ようと》がさまざまで、卵《たまご》かけご飯用というのもあったりする。普通《ふつう》のしょうゆを切らして、しかたなく卵かけご飯用でさしみを食べたりすると、なぜかもの足りない気がする。私の舌が、そこまで敏感《びんかん》だとは思えない。しょうゆの成分など、さほど変わらないはずなのに、なぜだろう。

私たちは、一旦《いったん》、（ア）コトバに縛《しば》られてしまうと身動きができなくなってしまうようだ。こんな状態を「*フレームがかかっている」と呼《よ》ぶ。ものを書く作業は、このフレームをうまく外すことである。つまり世の常識的な考え方から自由にならないと、なかなか人に納得《なっとく》してもらう作品にならないのである。なので、私たち夫婦《ふうふ》は、よくでたらめな話をしては、二人でゲラゲラ笑っている。人が聞いたら、ばかばかしいと思える話で、それはお金にはならない創作《そうさく》なのだが、私たちの場合、こんなことが、けっこう重要な作業なのである。

しかし、バレンタインデーのチョコや、節分の巻き寿司など、これがないと季節を感じないというものもある。私自身も、いまさらやめるのもなぁという感じで、ずるずる続けている。

　最近、仕事が忙《いそが》しくなって、なかなか本も読めない状態が続いている。なので、思い切ってメールをやめることにした。ケータイからも、パソコンからもアドレスを*削除《さくじょ》してしまうと、今まで何だったんだろう、というほど静かになった。本当に用がある人だけから、*ファックスや郵便《ゆうびん》で要領よくまとめたものが送られてくる。けっこう*儀礼的《ぎれいてき》なやりとりが多かったんだなぁと、あらためて思う。不思議なことに、そんな生活を始めると、人によく会うのである。会って、少し立ち話をして、バイバイと別れる。なくても大丈夫《だいじょうぶ》と、自分で確認《かくにん》するのは、そんな悪いことではないような気がする。

（木皿泉《きざらいずみ》「木皿食堂2　6粒《つぶ》と半分のお米」による）

〔注〕

中華鍋《ちゅうかなべ》 ―― 底の丸い浅い鍋。（図1）

片手鍋《かたてなべ》 ―― 持ち手が一つの鍋。（図2）

寸胴鍋《ずんどうなべ》 ―― 太さが変わらず、底の深い鍋。（図3）

図1

図2

図3

くん製 ―― 肉や魚などをけむりや熱などで加工し、長持ちするようにした食べ物。

ケトル ―― やかん。

空だき ―― 火にかけた鍋などの中の水がなくなってしまうこと。

かさ張る ―― 場所を取る。

用途《ようと》 ―― 使いみち。

フレーム ―― わく。

削除《さくじょ》してしまう ―― 消してしまう。

ファックス ―― 紙にかいた文字や図を、電話回線などを使って送受信する装置《そうち》。

儀礼的《ぎれいてき》 ―― 礼儀《れいぎ》として型どおりにすること。また、型どおりで心のこもっていないようす。

文章2

僕《ぼく》の*書《しょ》は、よく批判《ひはん》されることがあります。

「あんな絵のようなもの、書ではない」

たとえば、そんな指摘《してき》です。

けれど、そもそも「文字」の多くは、本《もと》を正せば、形から着想を得た*象形文字《しょうけいもじ》がとても多いですよね。

たとえば、僕が大好きで、自分の*雅号《がごう》「双雲《そううん》」にも使っている「雲」という字。

まず上部にある「雨（あめかんむり）」は、いうまでもなく天から雨水が落ちてくる様子からできあがったものです。そこにもくもくと立ちのぼる煙《けむり》のような雲の姿《すがた》を表した「云《うん》」という象形文字をくっつけることで、「雲」は形作られています。

こんなふうに、文字の多くは、そもそも絵みたいなものです。

つまり、絵みたいなものが、書なのです。

ならば、僕はどんどん視覚的《しかくてき》な表現を使うべきじゃないかなと思っています。「伝わる」ことにこだわる僕は、だからこそ絵のような要素を、もっと書にも取り入れたい。そう思い、書に取り組んでいるのです。

だって同じ雲でも、いまにも雷雨《らいう》をもたらしそうな、黒々とした大きな雲と、さわやかな秋の夕暮《ゆうぐ》れに、薄《うす》く流れるように敷《し》き詰《つ》められた静かな雲とでは、人が受ける印象はまったく違《ちが》いますよね。もちろん、線の細さや文字の勢い、かすれや濃淡《のうたん》などでその差を書き分けることはできますが、さらに「雲」をそもそもの象形文字のレベルにまでさかのぼれば、もっともっと自由な書き分けができる。「いかにも荒々《あらあら》しい雨を持ってきそうな雲」から「ずっとながめていたくなる、心地《ここち》良い空の雲」まで、幅広《はばひろ》い表現ができるからです。そのほうが、伝わりやすいと考えているからです。

僕はいつでも自由に、視覚的な表現を駆使《くし》して書に取り組むようにしています。伝えるためなら、*どん欲《よく》に表現にこだわるのです。

たとえば、文字の「大きさ」。

当たり前のことですが、大きな声を出したほうが、声が聞こえる範囲《はんい》は広がり、言葉は伝えやすくなります。当然、書にもそれはあります。大きく力強い文字を書けば、それだけ遠く離《はな》れても、見えるし、読める。

ただ、㋑それだけじゃないのが、伝えることのおもしろさでもあるんですね。

ずっと普通《ふつう》の音量で話していたのに、ある箇所《かしょ》にきたら、ふと声が小さくなる。

「え、何？　なんていったの？」と思わず聞き耳を立てることってありますよね。むしろ、声を小さくしたほうが、注意を*喚起《かんき》する。そんなことは、日常会話でもあるものです。

だから、僕は、あえて字を小さく書くことがあります。

ちょっと顔を近づけて、じっとそれを見つめてもらうことで、じんわりと誰《だれ》かに伝えたい言葉があるからです。

「*筆の入れ方」は、言葉の質感を変えます。

ぐっと鋭《するど》く筆を入れたら、線はそのまま鋭さを帯び、書いた言葉も鋭く読む方に刺《さ》さってくる。あるいは、丸く入れると、丸い柔《やわ》らかな言葉となって響《ひび》いてくる。

だからこそ、「刃《は》」「強」「岩」といった、＊こわもての文字をわざと丸く書いたりすると、ものごとの多面性や多様性を、わかりやすく表したりもできるわけです。

「墨《すみ》の色」は、あふれる思いのようなものを、表すことができます。

たとえば「愛」という文字を書く際、墨をじわりとにじませ、ほうぼうに広がるように大きく書くことで、「愛」という言葉に収《おさ》まりきらない愛情みたいなもの。あるいは、特定の誰かではなく、周囲へ、世の中へ、世界へ向けて放射《ほうしゃ》される大きな愛情みたいなものを表せます。

（武田双雲《たけだそううん》「伝わる技術」による）

〈注〉

書《しょ》——書かれた文字。
象形文字《しょうけいもじ》——ものの形をかたどって作られた文字。
雅号《がごう》——芸術家が本名以外につける名。
どん欲《よく》——ひじょうに欲が深いこと。
喚起《かんき》——よび起こすこと。
筆の入れ方——線の書きはじめの筆の使い方。
こわもて——ごつごつして荒々《あらあら》しい印象のこと。

〈問題1〉 ㋐コトバに縛《しば》られてしまう とありますが、このことの具体例を一つ、本文中から探《さが》して書きなさい。ただし、二十字以上三十字以内で、解答らんに合わせて書くこと。（、や。なども それぞれ字数に数えます。）

〈問題2〉 ㋑それだけじゃないのが、伝えることのおもしろさでもある とありますが、そのような「おもしろさ」が表れている筆者の工夫《くふう》の具体例を一つ、本文中から探《さが》して書きなさい。ただし、何のためにそうするのかがはっきり分かるように、解答らんに合わせて書くこと。

〈問題3〉 **文章1** と **文章2** それぞれの「自由」についての考え方に共通する内容をまとめた上で、それについてのあなたの考えを四百字以上四百四十字以内で書きなさい。ただし、次の条件と下の〈**きまり**〉に従《したが》いなさい。

条件1 三段落構成《さんだんらくこうせい》にし、第一段落には、**文章1** と **文章2** に共通している考え方を書き、第二段落および第三段落は、内容やまとまりに応じて、自分で構成を考えて書くこと。

条件2 あなたの考えは、一つにしぼり、理由をふくめて書くこと。

〈**きまり**〉

○題名は書きません。

○最初の行から書き始めます。

○各段落《だんらく》の最初の字は一字下げて書きます。

○行をかえるのは、段落をかえるときだけとします。会話を入れる場合も行をかえてはいけません。

○、や。や」なども それぞれ字数に数えます。これらの記号が行の先頭に来るときには、前の行の最後の字と同じます目に書きます。（ます目の下に書いてもかまいません。）

○段落をかえたときの残りのます目は、字数として数えます。

○最後の段落の残りのます目は、字数として数えません。

※「適性検査Ⅱ」問題（2017年度東京都共同作成問題）は51ページから始まります。

表2

実験	**条件A** 容器の底面積 (cm²)	**条件B** 容器の底にあけた穴の形	**条件C** 入れるプラスチック球の量 (g)	落ちたプラスチック球の量 (g)	かかった時間 (秒)
ア	20	円形	1000	500	1.2
イ	20	円形	2000	1000	2.4
ウ	20	正三角形	1000	500	2.2
エ	20	正三角形	2000	1000	4.4
オ	95	円形	1000	500	1.7
カ	95	円形	2000	1000	3.4
キ	95	正三角形	1000	500	2.7
ク	95	正三角形	2000	1000	5.4

花　子：プラスチック球100gが落ちるのにかかる時間にえいきょうする条件はどれかしら。

太　郎：たくさん実験をしたから分かりにくいね。

先　生：**表2**の**実験ア～ク**のうち、二つを選んでその結果を比べると分かりますよ。

〔問題3〕 **表2**と三人の会話を参考にして、プラスチック球100gが落ちるのにかかる時間にえいきょうする条件と、えいきょうしない条件を、**条件A～C**から一つずつ選びなさい。また、それぞれの条件を選んだ理由を、**実験ア～ク**のうち二つを比べて説明しなさい。

花　子：容器の中に残っているプラスチック球の量が少なくなるまでは、落とすプラスチック球の量を決めれば、かかる時間が分かりそうね。

太　郎：そうしたら、どういう条件だとプラスチック球 100 gが落ちるのにかかる時間が変わるのか調べてみよう。

花子さんと太郎君は、**実験2**を**図3**の容器を使って行い、結果を**表2**のようにまとめました。

実験2

実験1と同じ方法で、決めた量のプラスチック球が落ちるのにかかった時間を計る。実験に使う容器と入れるプラスチック球の量は、次の**条件A～C**をそれぞれ組み合わせて行う(**実験ア～ク**)。

・**条件A**：容器の底面積（20 cm^2または95 cm^2）

・**条件B**：容器の底にあけた穴の形（円形または正三角形、穴の面積は等しい）

・**条件C**：入れるプラスチック球の量（1000 gまたは 2000 g）

図3

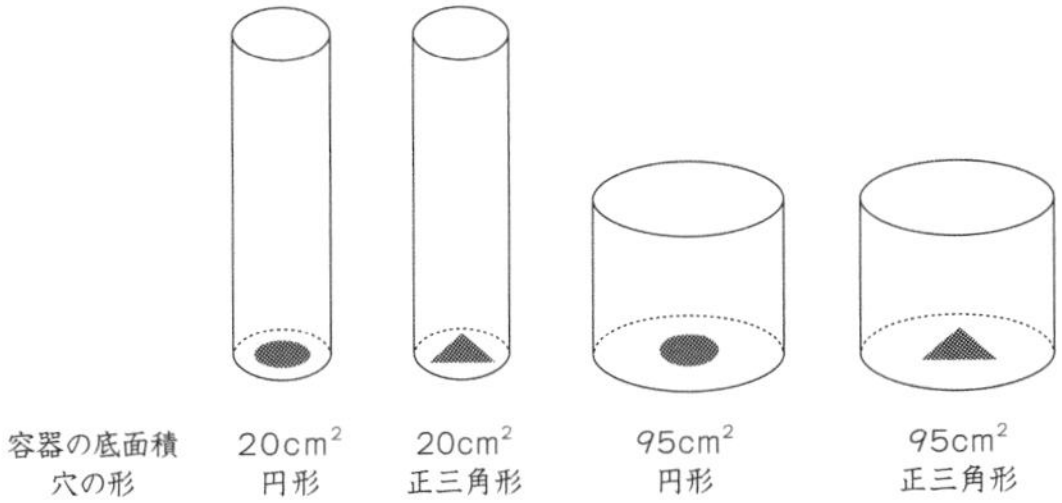

〔問題2〕 **表1**の結果をグラフにするとどのようになるか、次の**ア**～**エ**の中から一つ選び記号で答えなさい。また、選んだグラフについて、落ちたプラスチック球の量とかかった時間との関係を説明しなさい。

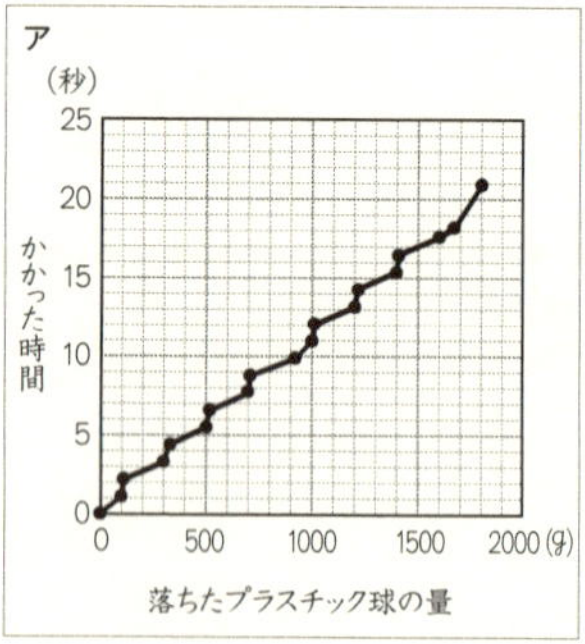

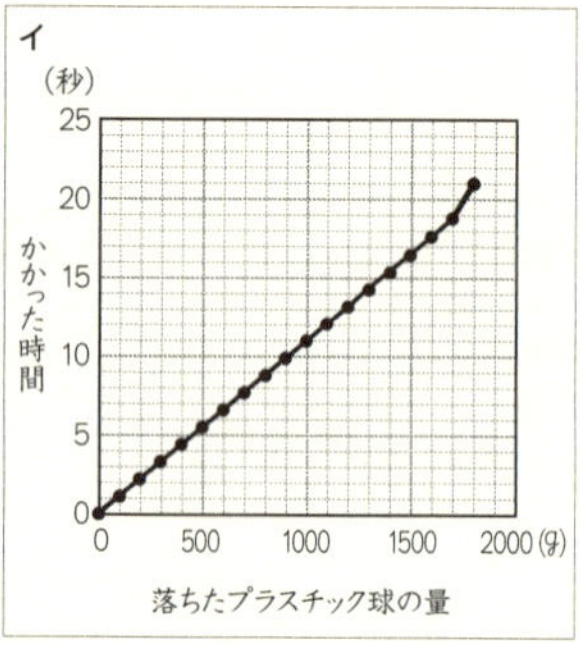

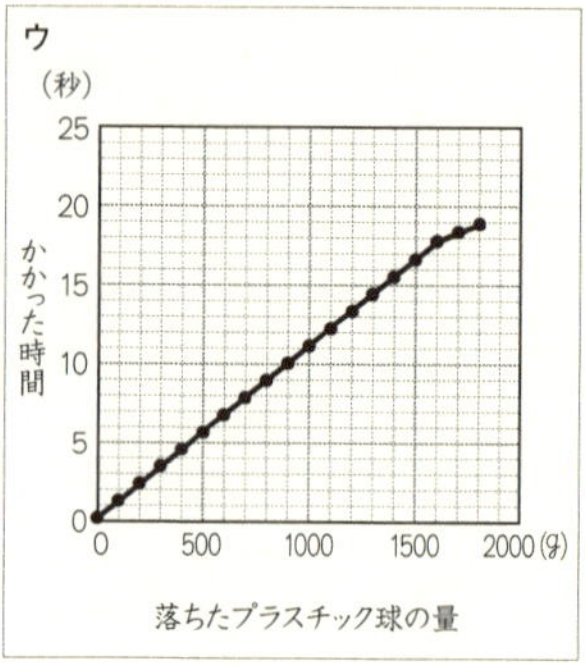

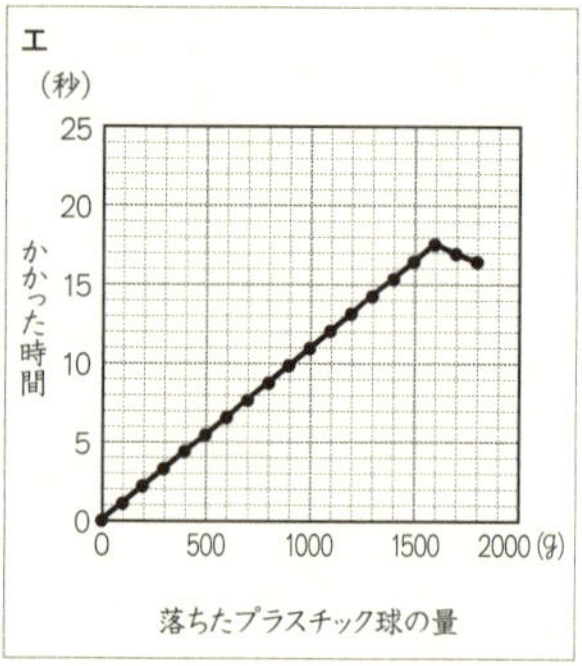

先生のアドバイスで花子さんと太郎君は、**実験1**を**図2**のようにして行い、結果を**表1**のようにまとめました。

実験1

①円柱形の容器の底の中心に、円形の穴《あな》をあけ、板の上に乗せる。
②プラスチック球２０００ｇを円柱形の容器に入れる。
③はかりの上に受け皿を置き、はかりの目《め》盛《も》りを０に合わせる。
④スタンドを用いて、プラスチック球を入れた容器を板の上に乗せたまま、受け皿の真上に固定する。
⑤合図と同時に、容器の下の板をはずしてプラスチック球を受け皿の中に落とし、決めた量のプラスチック球が落ちるのにかかった時間を計る。これをくり返す。

図2

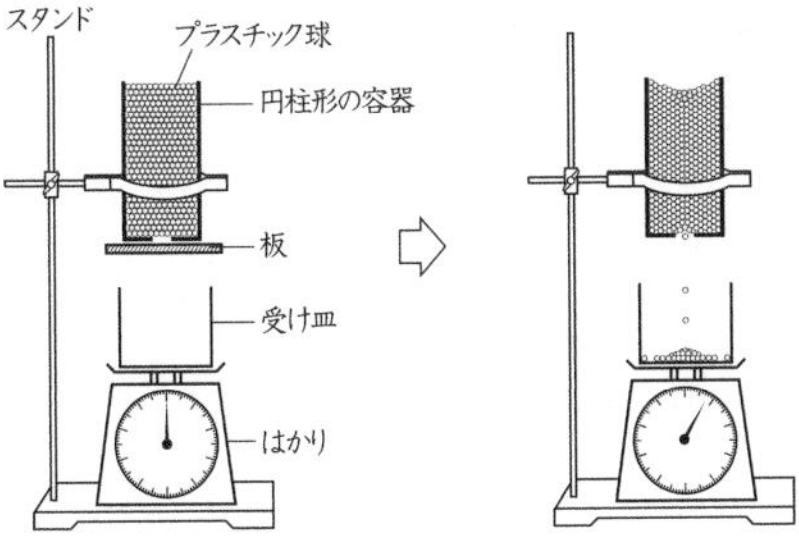

表1

落ちたプラスチック球の量（ｇ）	かかった時間（秒）
０	０
１００	１.１
２００	２.２
３００	３.３
４００	４.４
５００	５.５
６００	６.６
７００	７.７
８００	８.８
９００	９.９
１０００	１１.０
１１００	１２.１
１２００	１３.２
１３００	１４.３
１４００	１５.４
１５００	１６.５
１６００	１７.６
１７００	１８.８
１８００	２０.９

※ただし、容器に入れたプラスチック球は、最後まで落ち切らずに残った。

花　子：時間を計る道具といえば、砂《すな》時計は今でも見かけるわね。

太　郎：砂の量や砂を入れる容器の形などによって、砂が落ちるまでにかかる時間が変わるか調べてみたいな。

花　子：でも、砂時計を自分たちで作るのは大変そうね。先生、どのように実験したらよいですか。

先　生：そうですね。大きさ、形、重さが均一なプラスチック球（**図1**）を砂に見立てて実験するのはどうでしょうか。いろいろと条件を変えて実験をする前に、まずは落ちたプラスチック球の量とかかった時間との関係を調べておくとよいですよ。

図1

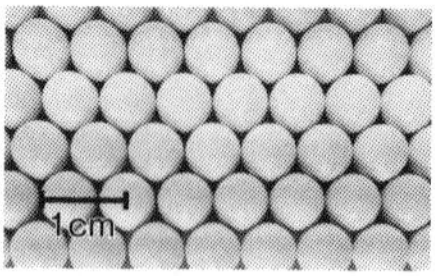

3 **花子**さんと**太郎**《たろう》君は時間を計る方法について話し合っています。

花　子：昔の人はどうやって時間を計っていたのかしら。

花子さんと太郎君は、**先生**に質問しました。

太　郎：先生、昔の人はどのようにして１分間や１時間といった時間を計っていたのですか。
先　生：昔の人は、太陽、ふり子、ろうそくなどを利用して時間を計っていたと言われています。
これらの動きや性質は、時間を計るのに適しているからです。
太　郎：そうなのですね。

〔問題１〕　先生が示した「太陽、ふり子、ろうそく」の中から一つを選び、それが時間を計るのに適していると考えられる理由を、その動きや性質にふれて説明しなさい。

表3　各県の県庁所在地から東京までの国道を使った最短の道のり（km）

茨城県水《み》戸《と》市　～　東京	108.9
宮崎県宮崎市　～　東京	1437.2
高知県高知市　～　東京	909.6

（国土交通省ホームページより作成）

表4　各県の県庁所在地の月別平均気温（℃）

	6月	7月	8月
茨城県水戸市	20.4	24.2	26.0
宮崎県宮崎市	23.1	27.3	27.2
高知県高知市	22.9	26.7	27.5

	12月	1月	2月
茨城県水戸市	6.1	3.7	4.4
宮崎県宮崎市	9.6	7.5	8.6
高知県高知市	8.5	6.3	7.5

（気象庁ホームページより作成）

〔問題3〕　二人が作った**表3**と**表4**のうちどちらか一つ表を選んで、あなたが選んだ表と花子さんが準備した**図4**とを組み合わせ、表と図から考えることができる大田市場に入荷しているピーマンの産地の特色について説明しなさい。

なお、説明は県名をあげて説明することとします。

太　郎：花子さんは、ほかにどんなことを調べてきたの。

花　子：各地で生産された野菜が東京に出荷《しゅっか》されて、私たちの手元に届くということを考えてみたの。私は東京で一番多く野菜を入荷《にゅうか》している大田市場《おおたしじょう》に、何月にはどの地域《ちいき》の野菜を入荷しているかを示しているグラフを準備したわ。これは、ピーマンの入荷を示したものよ（**図4**）。

太　郎：ピーマンが多く生産される上位3位までの県も示されているね。月ごとに入荷している量や、産地の県にちがいがあるんだね。

花　子：なぜ月ごとに入荷している産地が変わるのか、その理由を調べれば、大田市場に入荷しているピーマンの産地の特色が分かるはずよ。そのために、もっと表やグラフを作ることにしましょう。

太　郎：日本各地から野菜を東京に出荷するときに、トラックで輸送されることが多いことを授業で学習したね。ぼくはそれぞれの県の県庁所在地《けんちょうしょざいち》から東京までの道路の道のりを調べて表（**表3**）を作るよ。

花　子：日本は南北に長い国だから、気温にも差があるわ。私はグラフ（**図4**）に示されたそれぞれの県の県庁所在地の気温を表（**表4**）にしてみるわ。表とグラフを組み合わせてピーマンの産地の特色を説明することにしましょう。

太　郎：発表を聞いたみんなが、発表で取り上げた以外の野菜の育て方や産地の特色について考えてくれたらうれしいな。

花　子：毎日食べている野菜について、みんながもっと興味をもってくれるような調べ学習の発表にしましょう。

図4　大田市場のピーマンの月別入荷量（2015（平成27）年）

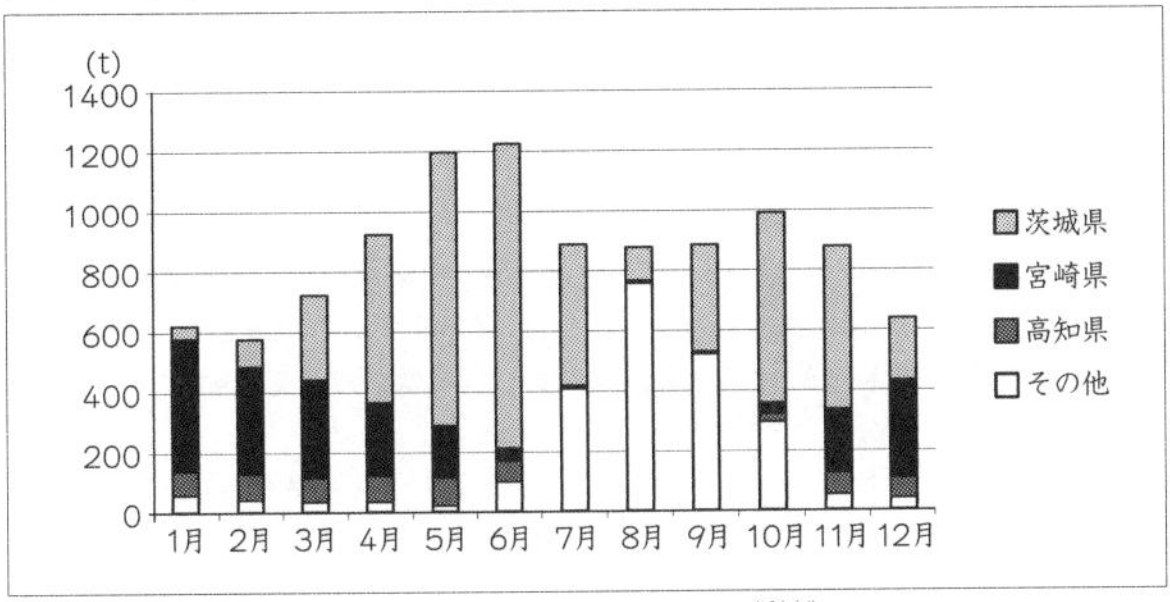

（東京都中央卸売《おろしうり》市場ホームページより作成）

花　子：1位と2位を比べてみましょう。割合の差は大きくはないわ。

太　郎：高知県から茨城県までの割合を足しても、全国の41.4%の生産なんだ。なすの産地は、あちらこちらに分かれているんだね。

花　子：ほかの野菜についても割合を計算してみましょう。計算したことから、それぞれの野菜の産地の分布の特色を考えて、カードにまとめましょう。

二人は、たまねぎときゅうりが多く生産される上位3位までの都道府県の生産量の割合を計算し、発表の内容をたまねぎのカードときゅうりのカードにまとめました。

二人の作ったカード（たまねぎ）

・たまねぎの生産は、
　1位　北海道〔　①　〕%
　2位　佐賀県〔　②　〕%
　3位　兵庫県〔　③　〕%

・1位と2位の差は〔　④　〕%

・1位から3位までの
　割合の合計は〔　⑤　〕%

・①から⑤までの計算をしてみると、
　生産量の割合からみた、たまねぎの
　産地の分布は、
　〔　　　　⑥　　　　〕
　という特色があることがわかる。

二人の作ったカード（きゅうり）

・きゅうりの生産は、
　1位　宮崎県〔　①　〕%
　2位　群馬県〔　②　〕%
　3位　福島県〔　③　〕%

・1位と2位の差は〔　④　〕%

・1位から3位までの
　割合の合計は〔　⑤　〕%

・①から⑤までの計算をしてみると、
　生産量の割合からみた、きゅうりの
　産地の分布は、
　〔　　　　⑥　　　　〕
　という特色があることがわかる。

〔問題2〕　**表1**のたまねぎときゅうりのうちどちらか一つ作物を選んで、作物の生産量の割合を計算し、計算した数値《すうち》をもとに、作物の産地の分布の特色を考え、**二人の作ったカード（たまねぎ）と二人の作ったカード（きゅうり）**のどちらかを〔①〕から〔⑥〕までを記入して完成させなさい。

〔①〕～〔⑤〕について、計算で割《わ》りきれない場合は、小数第四位を四捨五入《ししゃごにゅう》して小数第三位まで求め、百分率で表しなさい。

花　子：お父さんはどんな野菜を育てているの。

太　郎：なすやきゅうりなど、たくさんの種類の野菜を育てているよ。

花　子：うらやましいわ。授業で先生がおっしゃったことを覚えている。日本の食料自給率は野菜に限ってみると80%近くあるのよ。

太　郎：日本の野菜はどんなところで生産されているのだろう。

花　子：私《わたし》はどの野菜がどこの都道府県で生産されているのか、野菜ごとの分布について調べて発表することを考えてみたの。この表（**表1**）は、なす、きゅうり、たまねぎ、ピーマンが多く生産される上位5位までの都道府県を示したものよ。

表1　なす、きゅうり、たまねぎ、ピーマンが多く生産される上位5位までの都道府県（2014（平成26）年）

なす	生産量（t）
高知《こうち》県	40000
熊本《くまもと》県	33600
群馬《ぐんま》県	21000
福岡《ふくおか》県	20900
茨城《いばらき》県	18100
全国	322700

きゅうり	生産量（t）
宮崎《みやざき》県	64000
群馬《ぐんま》県	46400
福島《ふくしま》県	41200
埼玉《さいたま》県	34600
千葉《ちば》県	33900
全国	548200

たまねぎ	生産量（t）
北海道《ほっかいどう》	691900
佐賀《さが》県	147100
兵庫《ひょうご》県	96700
愛知《あいち》県	30600
長崎《ながさき》県	29500
全国	1169000

ピーマン	生産量（t）
茨城《いばらき》県	34700
宮崎《みやざき》県	27700
高知《こうち》県	13400
鹿児島《かごしま》県	12100
岩手《いわて》県	7300
全国	145200

（「日本のすがた 2016」より作成）

太　郎：野菜によって全国で生産される量がずいぶんちがうね。

花　子：割合《わりあい》を計算すれば、全国で生産される量がちがっていても、それぞれの野菜について比べてみることができるわ。私は、なすについて計算して表（**表2**）にしてみたの。

表2　花子さんが計算したなすが多く生産される都道府県の生産量の割合

高知県	熊本県	群馬県	福岡県	茨城県
12.4%	10.4%	6.5%	6.5%	5.6%

図2　東京都内にある太郎君のお父さんの家庭菜園の土の温度の変化
(2016 (平成 28) 年8月9日観測)

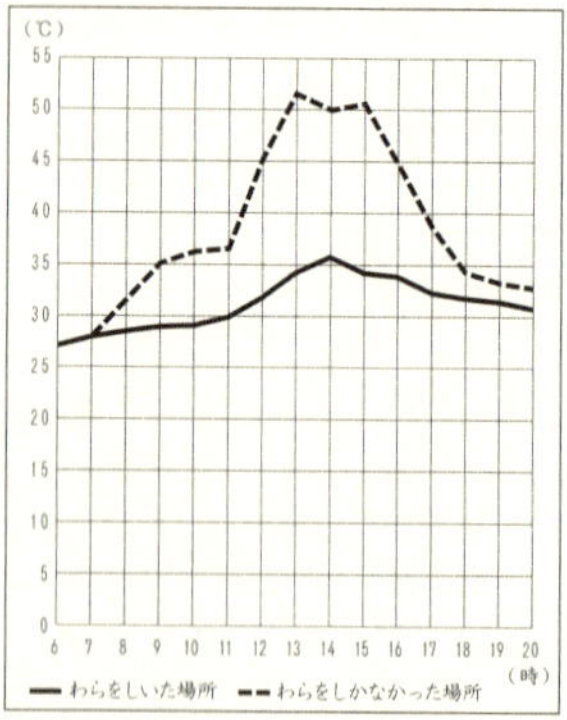

図3　東京の１日の気温の変化
(2016 (平成 28) 年8月9日観測)

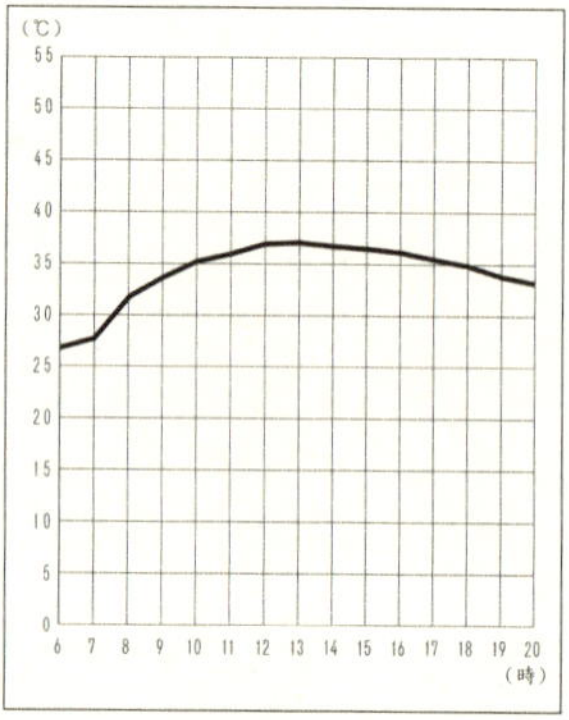

(気《き》象《しょう》庁《ちょう》ホームページより作成)

〔問題１〕　**図1**の写真に見られるように、太郎君のお父さんが家庭菜園の畑の土の上にわらをしいた理由を、**図2**と**図3**をもとに説明しなさい。

2 **花子**さんと**太郎**《たろう》君が、野菜をテーマにした調べ学習について話をしています。

花　子：太郎君はどんなことを調べてきたの。

太　郎：ぼくはお父さんが野菜を育てている家庭菜園について調べてきたんだ。この写真（**図1**）を見て。

図1　家庭菜園の畑の土の上にしかれたわら

花　子：家庭菜園の畑の土の上にしかれているのは何かしら。

太　郎：これはわらだよ。畑の土の上にわらをしく方法は、野菜を育てるために行われてきた工夫《くふう》なんだ。

花　子：畑の土の上にわらをしくことで何が変わるのかしら。

太　郎：ぼくはそのことを調べるために、わらをしいた場所とわらをしかなかった場所、それぞれの場所の土の温度を測ってグラフ（**図2**）にしてみたんだ。

花　子：どのようにして測ったの。

太　郎：畑の土を少しほって、そこに温度計のえきだめを差しこんで、土をかけて測ったんだ。

花　子：わらをしいた場所とわらをしかなかった場所では土の温度に差が出るのね。

太　郎：この日の気温の変化もグラフ（**図3**）にしてみたよ。

花　子：二つのグラフを比べて、太郎君のお父さんが畑の土の上にわらをしいた理由を説明することにしましょう。

表1

	並べたフロアマットの数	「上向きの正三角形」の数	「下向きの正三角形」の数	「見かけ上の辺の数」
1段目	1	1	0	3
2段目まで	4	3	1	9
3段目まで	9	6	3	18
4段目まで	16	10	6	30
⋮	⋮	⋮	⋮	⋮
10段目まで	100	55	45	

太　郎：並べたフロアマットの数からは、「見かけ上の辺の数」はすぐには分からないけれど、「上向きの正三角形」の数、「下向きの正三角形」の数も考えると、並べたフロアマットの数と「見かけ上の辺の数」の関係が分かりそうだよ。この関係を使えば、フロアマットをたくさん並べたときの「見かけ上の辺の数」も簡単《かんたん》に計算できるね。

〔問題3〕　並べたフロアマットの数と「見かけ上の辺の数」の関係を、「上向きの正三角形」と「下向きの正三角形」という言葉を使って説明しなさい。また、その関係を使って**10段目**まで並べたときの「見かけ上の辺の数」を式を書いて求めなさい。

花　子：ところで、正三角形には同じ長さの辺が３本あるけれど、フロアマットをすき間なく並べると、となり合うフロアマットでぴったり重なる辺ができるわよね。

太　郎：そうだね。例えば４枚のフロアマットを、**あ**、**い**、**う**、**え**の位置に並べて大きな正三角形を作ると、**あ**と**う**の位置にあるフロアマットはとなり合っているから、ぴったり重なる辺が１本あるね。同じように、**い**と**う**の位置、**う**と**え**の位置にあるフロアマットもそれぞれとなり合っているから、ぴったり重なる辺は、全部で３本あるということになるね。これらの辺をそれぞれ１本と数えると、大きな正三角形にはフロアマットの長さ２０ｃｍの辺が１２本ではなく、９本あると見ることができるね。

花　子：ええ。となり合うフロアマットの重なる辺は１本と数えることにして、フロアマットを並べてできた大きな正三角形にあるフロアマットの長さ２０ｃｍの辺の数を「見かけ上の辺の数」ということにしましょう。このようにして、並べたフロアマットの数と、「見かけ上の辺の数」には何か関係があるかしら。

太　郎：では、さきほどの設計図で、並べたフロアマットを上から**1段目《だんめ》**、**2段目**、**3段目**、**4段目**とするよ（**図4**）。このようにして、並べたフロアマットの数と「見かけ上の辺の数」の関係を考えてみよう。例えば、**3段目**まで並べたときは、フロアマットの数は９枚、「見かけ上の辺の数」は１８本だね。

図4

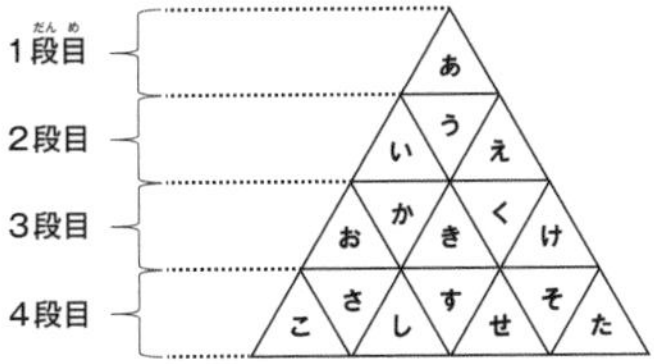

花　子：**2段目**以降《いこう》を並べるときは、フロアマットの向きのちがいで、例えば**図4**では、**あ**、**い**、**え**、**お**、**き**、**け**、**こ**、**し**、**せ**、**た**のような「上向きの正三角形」と、**う**、**か**、**く**、**さ**、**す**、**そ**のような「下向きの正三角形」があるわね。並べたフロアマットの数、「上向きの正三角形」の数、「下向きの正三角形」の数、「見かけ上の辺の数」をまとめると**表1**のようになったわ。

太　郎：まずは１６枚《まい》のフロアマットを使って大きな正三角形を作るときの設計図（**図２**）を書いて考えてみようよ。並べた正三角形のフロアマットの位置には、**あ**～**た**と名前をつけるよ。

図２

花　子：そういえば算数の授業で、正三角形は線対称《せんたいしょう》な図形だと習ったわね。

太　郎：そのとき、先生は、「正三角形には対称《たいしょう》の軸《じく》が３本ある」とおっしゃっていたよ。

花　子：その性質を、きれいな模様作りに生かせるかしら。

太　郎：そうだね。大きな正三角形で、１本の直線を折り目にして二つ折りにしたとき、フロアマットの白色と白色、黄色と黄色がそれぞれぴったり重なるようにすると、線対称な模様になってきれいかもしれないね。

花　子：例えば、４枚のフロアマットを並べる場合、**あ**と**う**の位置に白色のフロアマット、**い**と**え**の位置に黄色のフロアマットを並べると、対称の軸が１本の線対称な模様になるわ（**図３**）。

　対称の軸が３本あるような線対称な模様にすれば、きれいに見えるわね。

図３

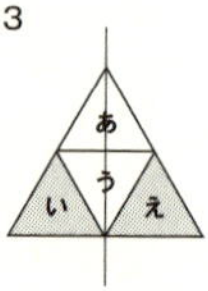

対称《たいしょう》の軸《じく》
（折り目の直線）

太　郎：１６枚のフロアマットを使って大きな正三角形を作るとき、対称の軸が３本ある線対称な模様になるようにフロアマットを並べるにはどうしたらいいのかな。

〔問題２〕　１６枚のフロアマットを使って大きな正三角形の模様を作るとき、対称の軸が３本ある線対称な模様になるようなフロアマットの並べ方は、黄色のフロアマットの枚数《まいすう》に注目すると、１枚、３枚、４枚、６枚、７枚、９枚、１０枚、１２枚、１３枚、１５枚の場合があります。この１０通りの場合は、黄色のフロアマットを置く位置のちがいで、１枚、４枚、７枚、１０枚、１３枚の場合と、３枚、６枚、９枚、１２枚、１５枚の場合の二つのグループに分けることができます。１枚、４枚、７枚、１０枚、１３枚の場合のグループをＡグループ、３枚、６枚、９枚、１２枚、１５枚の場合のグループをＢグループとして、どのようなちがいで、ＡグループとＢグループに分けたのかを説明しなさい。ただし、ＡグループとＢグループで黄色のフロアマットを置く位置がどのようにちがうかが分かるように書くこと。

「適性検査Ⅱ」問題　（2017年度 東京都共同作成問題）

1　明日は近所の保育園との交流会です。**太郎**《たろう》君と**花子**さんが教室で保育園児をむかえる準備をしています。太郎君はボールハウスを組み立てています。花子さんはゆかにフロアマットを並《なら》べようとしています。

太　郎：花子さん、ボールハウスの骨組《ほねぐ》みができたよ。
花　子：ボールハウスというと、子どもが中に入って遊ぶ、ボールがたくさん入った箱型の室内遊具ね。このボールハウスは、立方体の形をしているのね。あとはカバーをかぶせるだけで完成ね。
太　郎：同じ長さの棒《ぼう》を２本つなぎ合わせたものを支柱にして、立方体の形を組み立ててみたよ。
花　子：棒と棒をつなぐつなぎ目は、全部で２０個あるわね。
太　郎：つなぎ目による支柱の長さのちがいはないものとして、このつなぎ目を点と考えて２０個の点の中から異《こと》なる３個を選んで直線で結ぶと、いろいろな三角形ができるね。
花　子：本当だわ。点の選び方によって、いろいろな形や大きさの三角形ができて、面白《おもしろ》いわね。正三角形もできるわね。

〔問題１〕　**図１**のように組み立てた立方体の２０個ある点にそれぞれ**ア**～**ト**と名前をつけることにします。
　この２０個の点の中から異なる３個を選び、直線で結んだときにできる正三角形のうち、大きさが異なるものを二つ答えなさい。
　答え方は、例えば、点**ア**と点**イ**と点**サ**を選んだときにできる三角形は「三角形」のあとに、三つの点を表すカタカナを並べて「三角形**アイサ**」と書くこととします。

図１

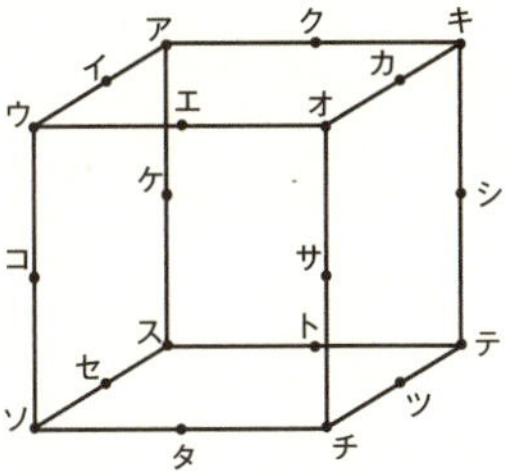

太　郎：花子さん、フロアマットはどんなふうに並べるの。
花　子：フロアマットは、１辺が２０ｃｍの正三角形の形をしていて、色は白色と黄色の２種類があるのよ。白色のフロアマットと黄色のフロアマットの両方を必ず使って、大きな正三角形になるようにすき間なく並べようと思うの。並べたフロアマットの模様《もよう》もきれいに見えるようにしたいわ。

第2章

enaの授業の実況中継

◆基本カリキュラムは小5・小6の2年間

ｅｎａの公立中高一貫校対策コースは、基本的には小5〜小6の2年間でカリキュラムが組まれている（図4）。

最低限の授業だけを受講するなら、「受験科」というコースで、「適性理系」「適性文系」「作文」の3種類の授業を週2回の通塾で受けることができる。

「適性理系」とは、都立中の「適性検査Ⅱ」いわゆる「横書きの適性検査」の理科分野および算数分野の問題を中心に対策する授業。「適性文系」とは同じく「横書きの適性検査」の社会科分野の問題を中心に対策する授業。「作文」とは都立中の「適性検査Ⅰ」いわゆる「縦書きの適性検査」の対策をする授業だ。

しかしほとんどの生徒が「都県立特訓科」コースを選択する。小5なら週3回の通塾で「適性理系」「適性文系」「作文」に加えて「理系演習」の授業を受ける。小6ではさらに「作文演習」の授業が加わり、通塾は週4回になる。

ｅｎａでの1回の通塾は、基本的に16時50分から19時20分までの１５０分間。家に帰ってから夕食をとることができる設定だ。

【図4】ena 公立中高一貫校対策コースの概要（2017年度）

				月額授業料（税込み）	模試教材費（税込み）
小5	受験科	月・木	適性理系・適性文系・作文	1万9440円	前期3万2400円 後期2万7000円
	都県立特訓科	月・木・金	適性理系・適性文系・作文・理系演習	2万7000円	前期4万5360円 後期3万7800円
小6	受験科	火・金	適性理系・適性文系・作文	2万2680円	前期3万8880円 後期3万2400円
	都県立特訓科	月・火・水・金	適性理系・適性文系・作文・理系演習・作文演習	3万7800円	前期5万1840円 後期4万3200円

これらの平常授業で使うメイン教材は、ｅｎａオリジナルの「パースペクティブ」シリーズ。さらに毎日の家庭学習用教材として、計算問題や簡単な文章題のドリル「日々の学習」と応用問題や思考力を鍛える練習をするための「合格への道」、そして「漢字練習帳」がある。そのほか、各自授業ごとに「復習ノート」を作成し、毎回の授業で取り組んだ問題を家庭で解き直しすることになっている。

「小５では基礎学力養成の趣旨が強く、徐々に適性検査の対策に移行します。２年間のカリキュラムを基本とはしていますが、らせん型カリキュラムなので、６年生からのスタートでも対応できます」とｅｎａ小学部長の山口真さん。

これらの平常授業の成果を、ほぼ毎月１回の「学力判定テスト」で測る。

さらにオプションとして、小5の2学期以降には志望校別の「日曜特訓」が頻繁に開催される。夏休みやゴールデンウィークなどの長期休暇および週末には、enaが保有する富士山および清里の研修施設を利用しての「合宿特訓」も開催される。合宿に参加できない場合は、通常の校舎での「集中セミナー」に参加するという選択肢もある。

小6では「学力判定テスト」とは別に、適性検査の形式に則って実施される模試として、「都立中合判」が年4回、「都立中学校別合判」が年2回、「直前合判」が1回ある。学校の成績も点数に加味して合格判定を出す。

適性検査対策のコースは小5からの設定だが、enaへの通塾自体は小3から可能だ。小3の「受験科」では、週1回の通塾で国語・算数を学ぶ。小4の「受験科」では、週2回の通塾で、普通に国語・算数・理科・社会の4教科を学ぶ。この時点ではまだ私立中高一貫校対策への移行も可能になるようにしている。

「小4で基礎学力をつけておくと小5以降の適性検査対策に余裕ができます」（山口さん）

また、小3以上を対象に、無料の「適性検査模試」も年3回程度実施している。こちらはenaの生徒に限らない一般公開の模試である。

◆私立受験対策とはまったく違うテキスト

メインテキスト「パースペクティブ」をめくってみる。目次を見ただけで、一般的な私立中高一貫校用のテキストとはまったく違ったコンセプトで構成されていることがわかる。

小６の「適性文系」のテキストの上巻は「地図を読む」「資料を読む」「調査する」などという単元から始まる（図５）。その後は「ごみについて考える」「人口について考える」などテーマ別になるが、下巻になると、「グラフを作成する問題」「グラフを読み取る問題」「割合の計算をする問題」「図・表を読み取る問題」「文章資料を読み取る問題」などと、求められる力ごとに単元分けされている。

小６の「適性理系」のテキスト上巻は「計算の説明」「光」「割合とグラフ」などという単元から始まる（図６）。まず特徴的なのは、算数的な分野と理科的な分野が混在していること。そして算数的な分野についても、単に計算をして正解が出せればいいのではなくて、そのプロセスを文章にして説明することまでを求めている。下巻になると、「実験結果を読み取り考える」「条件に合わせて考える」「知識を元に考える」「問題文を読み取り考える」など、もはや算数なのか理科なのかすら区別がつかない。

例題 2

えなさんは，学校読書について発表することになり，「学校読書調査」の結果から，資料１～３を作成しました。

資料１　*全体平均冊数

〔単位　冊〕

	小学生	中学生
平成１３年	6.2	2.1
平成１５年	8.0	2.8
平成１７年	7.7	2.9
平成１９年	9.4	3.4

（毎日新聞社「学校読書調査」より作成）

＊全体平均冊数とは，読んだ人も読まなかった人もふくめた平均冊数

資料2　*不読率の変化

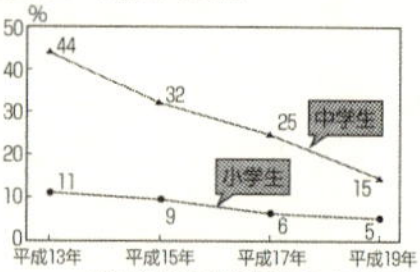

（毎日新聞社「学校読書調査」より作成）

＊不読率とは，１冊も読まなかった人の割合
＊毎年，５月の１か月間を調査

資料3　*読書者平均冊数の変化

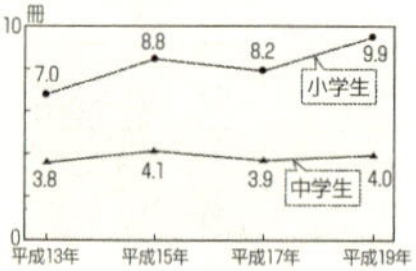

（毎日新聞社「学校読書調査」より作成）

＊読書者平均冊数とは，１冊も本を読まなかった人を除いた，実際に本を読んだ人だけの平均冊数

小学生・中学生ともに全体平均冊数は増える傾向にあります（資料１）。その理由について，資料２・３から読み取れることを答えなさい。答えは，「小学生の全体平均冊数は，」「中学生の全体平均冊数は，」に続けて，それぞれ不読率，読書者平均冊数という語句を使用して書きなさい。

［都立両国高附属中改］

解き方・考え方

ステップ１ それぞれの資料の変化を読み取る。

資料２からは，小学生，中学生の不読率はともに［①　　　］ことがわかります。資料３からは，小学生の読書者平均冊数は［②　　　］傾向にあり，中学生の読書者平均冊数はほとんど［③　　　］ことがわかります。

ステップ２ 資料の変化にどのような意味があるのかを考える。

不読率が下がるということは，１冊も本を読まなかった人の割合が減る，すなわち１冊以上本を読む人の割合が増えることなので，全体の読書冊数が増えることを意味します。また，読書者平均冊数は，（全体の読書冊数）÷（実際に本を読んだ人の人数）で求められるので，（全体の読書冊数）が［④　　　］場合，もしくは（実際に本を読んだ人の人数）が［⑤　　　］場合に読書者平均冊数が増えることになります。

ステップ３ ２つの資料から読み取ったことを関連させて，問われていることについて説明する。

全体平均冊数は，（全体の読書冊数）÷（全体の人数）で求められます。したがって，全体平均冊数が増えている傾向については，（全体の読書冊数）が［⑥　　　］ことがわかれば説明がつきます。**ステップ１**，**ステップ２**で考えたことを，全体の読書冊数の増加につながるようにまとめます。

答え

（例）小学生の全体平均冊数は，［⑦　　　］が下がり［⑧　　　］が増えたことによって増える傾向にある。
中学生の全体平均冊数は，［⑨　　　］にはほとんど変化がなかったが，［⑩　　　］が下がったことによって増える傾向にある。

プラス＋α！　グラフを読み取るポイント

資料を読み取るときは「なぜそうなっているのか」などの原因・理由も考えながら読み取りましょう。

くだもののとれ高の動き

日本の耕地面積の移り変わり

←変化を表すグラフからは，「何」が「いつ」「どのように」変化しているのかを読み取る。

年齢《ねんれい》別人口の割合

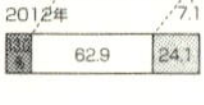

日本の土地利用（2011年）

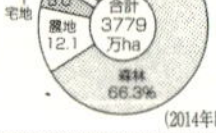

←割合を表すグラフからは，「何がいちばん多い（少ない）のか」を読み取る。

（2014年版「日本のすがた」ほか）

【図5】ena 小6「適性文系」テキスト（上巻）より

PER SPECTIVE

2 資料を読む

学習日 / / /

資料から読み取れることのほかに，その背景《はいけい》となる理由や原因などもあわせて考えるようにしましょう。

例題 1

かずこさんは，福祉施設《しせつ》を訪問《ほうもん》したり，児童会で地区の祭りに参加したりするなど，地域《ちいき》の活動に積極的に参加しています。そこで，かずこさんは，ほかの地域の参加状況《じょうきょう》が気になり，インターネットで調べてみることにしました。すると，次の「地域で行われる行事などへの参加」についてのアンケート資料をみつけました。

資料　地域で行われる行事などへの参加

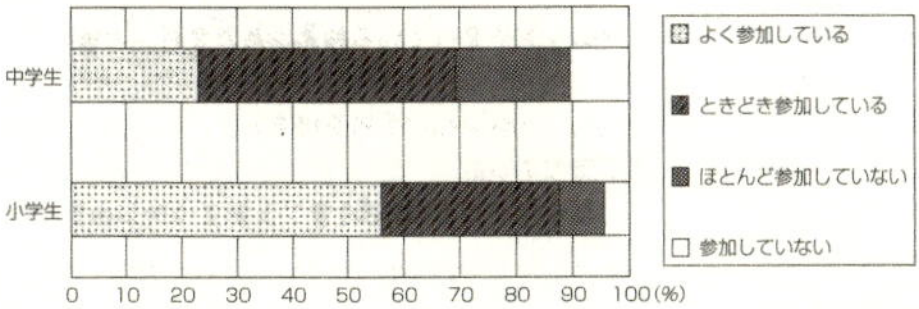

(1)　資料からわかることを書きなさい。

(2)　(1)で答えたことについて，その理由として考えられることを書きなさい。

［宮崎県立五ヶ瀬中　都立小石川中類題］

解き方・考え方

(1)　上の帯グラフは地域で行われる行事に「よく参加している」「ときどき参加している」「ほとんど参加していない」「参加していない」にあてはまるそれぞれの人の数を全体数で割《わ》った割合《わりあい》を表している。割合の大小に着目する。

とくに条件もなく「わかること」を問われているので，それぞれのグラフの割合の特ちょうを書いても，それぞれのグラフの割合を比べてわかることを述べてもよいです。中学生では「①　　　　」人の割合が，小学生では「②　　　　」人の割合が最も多くなっています。中学生と小学生とを比べると，割合の差が大きいのが「よく参加している」人の割合で，小学生ではおよそ55%だったのが，中学生ではおよそ25%に③　　　ています。また，「参加していない」「ほとんど参加していない」人を合わせた割合がおよそ15%からおよそ30%に④　　　ています。これらのことを具体的な数値を示して，すっきりとまとめましょう。

(2)　中学生や小学生の中で割合が多い人の理由を考えるよりも，小学生と中学生を比べて，割合が変化している理由を考えるほうが考えやすそうです。

(1)から，小学生から中学生になると地域で行われる行事に「⑤　　　　」人の割合が減り，「参加していない」「ほとんど参加していない」人の割合が増えていることがわかりました。これはどうしてでしょうか。小学生と中学生の生活のちがいから考えてみましょう。

答え

(1)　(例)小学生から中学生になると，地域で行われる行事に「よく参加している」人の割合がおよそ30%⑥　　　て，「参加していない」「ほとんど参加していない」人を合わせた割合がおよそ15%⑦　　　ている。

(2)　(例)中学生になると試験や部活動があるので，地域で行われる行事に参加できる時間が少なくなるから。

例題2

次のA《エー》〜C《シー》の図を見て，下のえなさんのこんだてが何キロカロリーになるかを計算しなさい。また，その考え方も答えなさい。

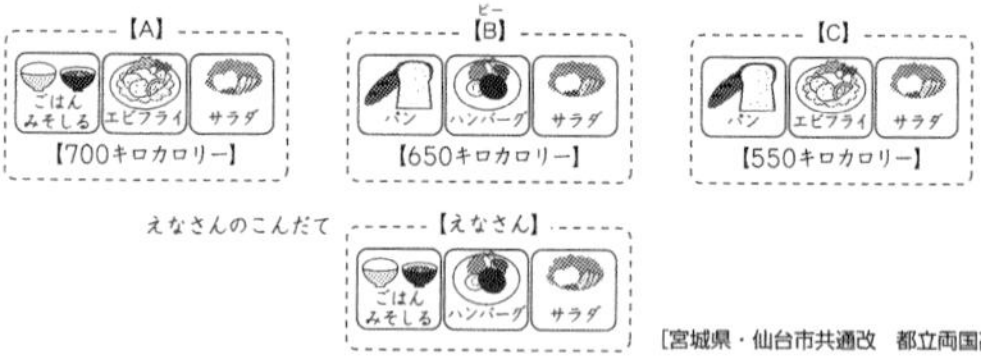

〔宮城県・仙台市共通改　都立両国高附属中類題〕

解き方・考え方

ステップ1 それぞれのこんだての食品のちがいを調べる。

A，B，Cのこんだてを2つずつ組み合わせてみて，「ちがう食品は何か，ちがう部分はどこか」といった点に注目し，こんだての内容を整理します。

組み合わせ	AとB	AとC	BとC
同じメニュー	サラダ	①［　　］とサラダ	③［　　］とサラダ
カロリーのちがい	Aのほうが 50キロカロリー多い	②［　　］のほうが 150キロカロリー多い	Bのほうが ④［　　］キロカロリー 多い

ステップ2 えなさんとAのこんだてのちがいに注目して，計算する。

えなさんとAのこんだての食品のちがいを調べると，⑤［　　］とサラダが同じです。
→ハンバーグとエビフライがちがいます。BとCをくらべた結果より，ハンバーグとエビフライでは，⑥［　　］のほうが⑦［　　］より，⑧［　　］キロカロリー多いので，えなさんのこんだては，Aのこんだてより⑧［　　］キロカロリー多くなります。

よって，えなさんのこんだてのカロリーは，700＋⑧［　　］＝⑨［　　］（キロカロリー）

ステップ3 考え方を書こう。

考え方の説明は，
・○○(主語)は，根拠・理由なので△△(結論)です。
・○○(主語)は，式・計算より△△(結論)です。
を基本形として，箇条書きにしましょう。

答え

⑨［　　］キロカロリー
(考え方)
(例)・えなさんとAのこんだてをくらべると，ハンバーグとエビフライの部分がちがう。また，BとCのこんだてをくらべても，ハンバーグとエビフライの部分がちがう。
・ハンバーグとエビフライのカロリーのちがいを計算すると，650－⑩［　　］＝⑪［　　］（キロカロリー）より，ハンバーグはエビフライよりも⑪［　　］キロカロリー高いことがわかる。
・したがって，えなさんのこんだては，Aのこんだてが700キロカロリーだから，700＋⑪［　　］＝⑫［　　］（キロカロリー）である。

【図6】ena 小6「適性理系」テキスト（上巻）より

PER SPECTIVE

1 計算の説明

学習日 / / /

複雑《ふくざつ》な計算や，工夫した計算の式や考え方を，文章で説明する練習をしておきましょう。

例題 1

ある「バーコード」には，図のように，しま模様《もよう》とその下に 13 個の数字が書かれてあり，しま模様は，下の数字を表しています。このバーコードのしま模様が表す数字から，商品名や値段《ねだん》などを機械が読み取るようになっており，とても便利なものです。ただ，機械がバーコードを正しく読み取らなければ困りますので，機械の読み誤《あやま》りを最後の数字でチェックができるようなしくみがあります。そのしくみについて説明します。

バーコードの例

9784827811964

ここに「4957925198304」というバーコードの数字があります。

まず，「4957925198304」を「495792519830」と最後の「4」に分けます。次に，「495792519830」の(ア)奇数《きすう》番目の数字，つまり4，5，9，5，9，3を合計します。すると「35」となります。さらに，(イ)9 × 3 + 7 × 3 + 2 × 3 + 1 × 3 + 8 × 3 + 0 × 3 と計算します。その答えは「81」となります。この 2 つをたした「116」を「10」でわったあまりを求め，そのあまりを「10」からひいた数は「4」で，最後の数字の「4」と同じになるようにつくられています。ですから，機械が正しく読み取らなかったら最後の数字が合わなくなり，読み誤りをしたことがわかります。

問題　下線部(イ)は，どのような計算をしていますか。下線部(ア)を参考にして，説明しなさい。

［宮崎県共通　区立九段中類題］

解き方・考え方

ステップ 1 どのような計算になっているか，計算のきまりを見つける。

下線部(イ)の計算はかけ算とたし算が規則的にくり返された計算で，また，かける数はいつも ① になっていることがわかります。つまり，9，7，2，1，8，0 という数をそれぞれ ② 倍して，たしていることになります。次に，9，7，2，1，8，0 の数をことばで説明します。ここで下線部(ア)のことばを参考にすると，下線部(ア)が奇数番目の数の計算について説明したものであったことに対して，下線部(イ)は ③ 番目の数についての計算です。

ステップ 2 下線部にしたがって，計算の説明を書く。

どのようなきまりの計算であるかを，簡潔《かんけつ》な文章で説明するようにします。「下線部(ア)を参考にして」と書いてあるので，下線部(ア)の文中のことばを使用して書きます。下線部(ア)の中で特ちょう的な「～番目」，「合計」などということばを使います。

答え

(例) ④ 番目の数字，つまり9，7，2，1，8，0をそれぞれ ⑤ 倍した数を合計した計算をしている。

従来の私立中学受験用テキストの単元の概念にとらわれることなく、適性検査の出題形式に合わせて編集されているのだ。

しかしこれをどうやって授業で教えるのか、想像がつきにくい。そこで実際に某校舎に1週間張り付き、授業を見学させてもらった。その中から、小6の、ｅｎａの公立中高一貫校対策コースの基幹授業である「適性文系」（75分）、「適性理系」（75分）、「作文」（75分）の3つの授業について実況中継する。

授業の様子を知ることで、ｅｎａで何を教えているのかだけでなく、公立中高一貫校の適性検査が子供の何を見ようとしているのかが、かなりはっきりとわかってくるはずだ。

また、教育ジャーナリスト・杉山由美子さんの著書『中学受験ＳＡＰＩＸの授業』（学研新書）に描かれているＳＡＰＩＸの授業風景と読み比べてもらえば、私立受験対策塾の授業との違いがわかりやすいのではないかと思う。

◆どんどん脱線して知識を広げる「適性文系」

火曜日の16時50分、「適性文系」の担当U先生が一人一人生徒の名前を呼んで出欠をとる。

小6の2学期ということで、もっと張り詰めた空気を予想していたが、思いのほか教室の雰囲気はゆるい。「あれ？　小5の教室と間違えたかな？」とまわりの生徒に確認すると小６で間違いない。そういう感じなのだ。

「せんせー、歴史歌やらないいんですか？」

「取材があるときは恥ずかしいんでかんべんしてほしいなぁ」

U先生は見た目20代の男性。口調は柔らかく、飄々としている。

「やりたいですか？」

「やりたいです！」

「では、先週の復習として歴史の歌をやりましょうか。それではみなさん、いきまーす。せーの」

「♪先土器、縄文、弥生、古墳、飛鳥、奈良、平安……、戦国、あーづち桃山……」

抑揚を付けながら、日本史の時代区分を歌う。

続いてU先生は、それぞれのノートに同じ時代区分を漢字で書くように指示を出す。

「ねぇ、ねぇ、静かにして、書いてみてください」

「いま何やっているかわかってますか？　歴史の年号を書いてみてください」

「作業してください」

U先生が再三注意する。

テキストを見ると、先週の単元は「グラフを作成する問題」だが、並行して基礎知識の確認を行っているようだ。

「先生できた！」

「おう、きれいに書けてるじゃないですか」

できた生徒からU先生にノートを見てもらい、◯をもらう。あるいは間違いを指摘される。

私立中学受験生であればこれらの時代区分を書くことなんて、数字の1から10を書くこととさほど変わらない、造作もないことだ。小6の2学期であれば、すでに征夷大将軍や事件の名前など、それ以上に細かい知識を大量に詰め込んでいるはずである。しかし公立中高一貫校対策では、そこまでの知識は求められていない。のっけから、そのレベル観の違いに良くも悪くも驚いた。

続いて、ニュースや新聞で話題になっている時事問題を確認する。

「最近のニュースの話をしてもいいでしょうかね」

「ケンブリッジ飛鳥！」

飛鳥時代からリンクしたのだろうが、ちょうどこのとき日本人初で１００メートル10秒の壁を破ったのは、ケンブリッジ飛鳥選手ではなく、桐生祥秀選手のほうである。教室は１００メートル走の話題で盛り上がってしまう。

「それはあんまり関係ないからさぁ……」

気を取り直してＵ先生。

「公文書って知ってますか？　公的に使用される文書ということです。公文書でも旧姓でＯＫになるというニュースが今週ありました。説明しますね。みなさん結婚したいですか？」

「はい！」

「いいえ！」

「何歳で結婚したいですか？」

「27！」

「先生は何歳ですか？」

「18歳でーす……」

「え、ほんと!?」

「だから冗談だってば。だからさぁ、いまさらこういうところ、盛り上がるところじゃないじゃん……」

なんとか生徒たちの注意を促し、「旧姓」について手短に説明する。

「続いて、質問です。中学受験生って何万人くらいいると思います？」

生徒たちの発言を促し、ホワイトボードに書く。

「中学受験生は首都圏に約5万人いるといわれています。待機児童はどれくらいいると思いますか？」

これまた生徒たちの発言を促す。答えは約2万5000人。中学受験生の半分くらいに相当する数の子供が保育園には入れないのだとわかる。

そのほか、自動運転技術の話からリニアモーターカーの超電導技術の話へ、そして世界的なガソリン車規制の話へと移行する。途中二酸化炭素や地球温暖化というキーワードも拾う。

U先生が「自動運転ってわかる？」と尋ねれば、教室からこだまのように「技術の日産！」という声が返ってくる。少々ふざけた発言もあるが、インプットに対する生徒たちのリアクションの速さには目を見張るものがある。唯一の正解を追い求める頭ではなく、自由な発想で、自分の中にある引き出しから関連する知識を持ってくることに関しては、相当に訓練されているのだろう。

「じゃあ、問題やりましょう。６ページを開いてください」

パースペクティブの小６文系下巻の６ページを開く。今週の単元は「〈２〉グラフを読み取る問題①」である。ちなみに前週は「グラフを作成する問題①」で、表中の数字を折れ線グラフや棒グラフにする練習をしたようだ。

「確認問題の１番を、１分だけ眺めてもらえませんか。それから質問します」

１９５０年から２００９年までの貨物輸送量の変化を表す折れ線グラフを見て、その特徴を答えろという問題だ（図７）。

「まずこの問題ですが、簡単？　普通？　難しそう？」

「簡単！」

「簡単ですねぇ」

問題を見て、およそ１分でその難易度を察知する訓練だ。適性検査では、難しい問題を避けて解きやすい問題から手を付けることが合否を分けることがある。

「特徴として何を書かなければいけないかわかりますか？」

【図７】ena 小6「適性文系」テキスト（上巻）より

1 5ページで作成した次のグラフを見て、その特徴《とくちょう》を答えなさい。

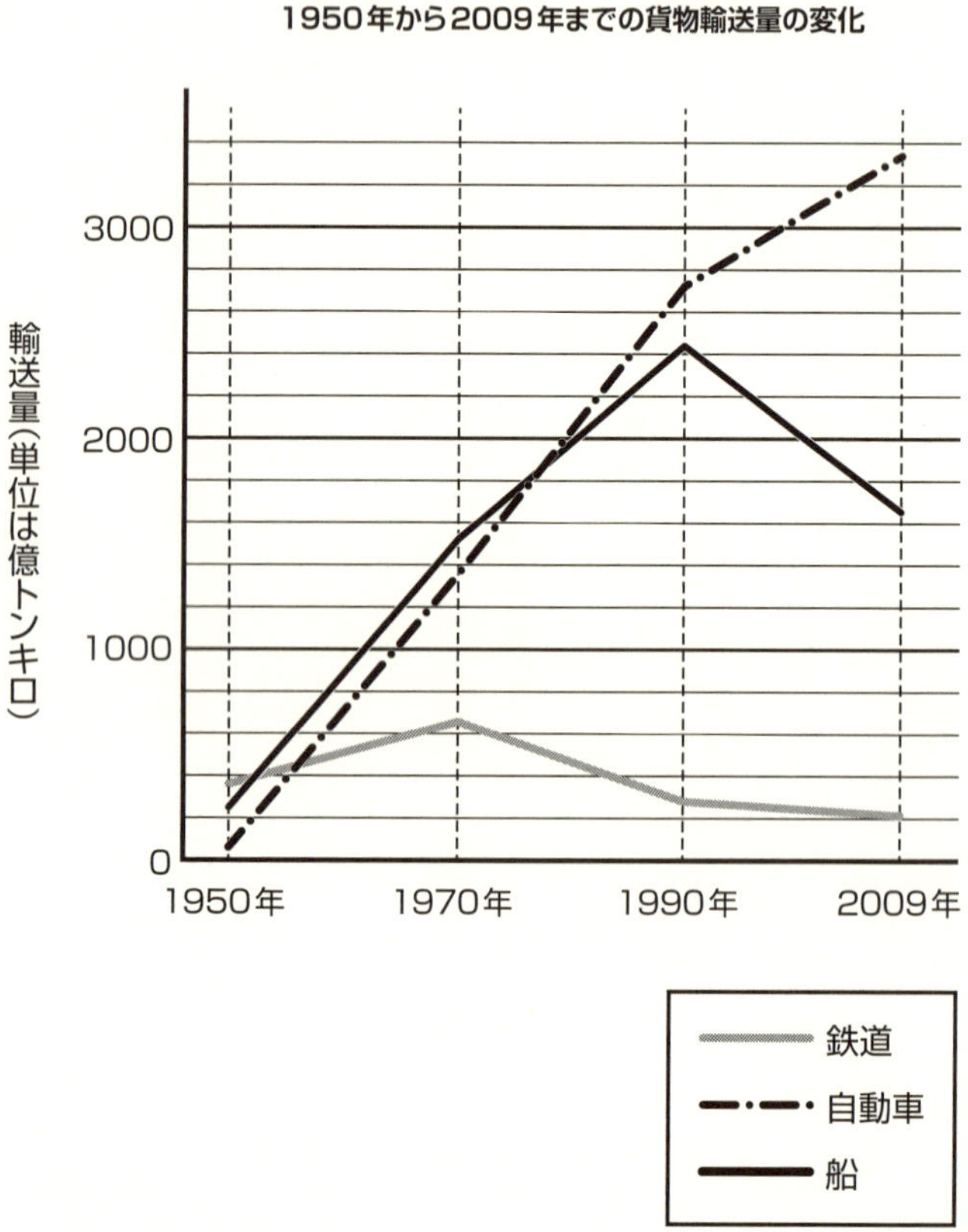

「最も変化しているもの」

「うん。１個だけですか？　３つそれぞれ書かなきゃいけないこと、わかりますか？　それだけの問題だからすごくシンプルですよね。ノートに答案を書いてみてください。減点されないように、不足のないように書いてくださいね」

　この形式の問題に対する答案に含めなければいけない必要な要素というものがあって、それをすべて含めて書かなければ減点されることを、すでに生徒たちは認識している前提のようだ。さっきまでのざわざわは一転、みんな集中して答案作成に取り組む。

　解答が書けた生徒から手を挙げて先生に見てもらう。

「いいです」とか「欠けてます」とか、その場でコメントする。

　５分くらいたったところでＵ先生が解説を始める。

「文系の場合、形式が大切です。ある言葉が抜けていると引かれる可能性がありますが、わかりますか。ほとんど答えに近いことを言いますが、このグラフは貨物輸送量の変化のグラフですから、まずそれを書かなければいけません。それがなくても点はもらえるかもしれませんが、減点されるのは嫌ですよね。だからまず『１９５０年から２００９年までの貨物輸送量の変化について』と書きましょう。１９５０年と２００９年という数字を抜かさないでください」

単に鉄道が増えているとか減っているとか書くのではなく、いつからいつの時期にかけての変化なのかを明記しないと、グラフを読み取る問題の解答としては減点される可能性があるという指摘だ。

なるほど。適性検査ではそういう観点で抜け目のない答案を作成するのがポイントなのだ。

「自動車は1950年から2009年にかけて順調に伸びていますよね。船は1990年で折れていますよね。鉄道は全体的に低いですけど、1970年から減っていますね。それを書いてください」

念のため、テキストに付属する模範解答を引用しておこう。

　1950年から2009年にかけて、自動車は増え続けている。船は1990年までは自動車と同じように増えていたが、2009年には急に減っている。鉄道は1970年から少しずつ減っている。

なぜ1990年を境に船の貨物輸送量が減っているのかとか、なぜ鉄道の輸送量が低いのかなど、聞かれていないことに答える必要はない。むしろ余計なことは書くべきではない。グラフから読み取れることを素直に文章にすればいい。

「ではそこまでにして、終わっていない人はおうちでやってきてください。次に、2分で2番の問題を見てください」

食料自給率に関するグラフの読み取りだ（図8）。

「この問題は、簡単ですか、普通ですか、難しいですか」

生徒たちに挙手させる。

「この問題は難しいです。普通に入試問題に出てくるレベルです。じゃあ質問ですが、書かなきゃいけないことは合計何個ですか？」

「3つ！」

「はい。3つです。3つは何ですか？」

「資料1からわかること、資料2からわかること、自分の意見」

「その通り」

U先生は、生徒たちに答案を書かせる前に、必ず書くべき要素の数を確認する。問われ

【図8】ena 小6「適性文系」テキスト(上巻)より

2 えなさんは、スーパーで買い物をしたとき、外国産の食品が多く売られていることに気が付きました。そのことを学校の先生に話すと、先生は資料1、資料2を見せてくれました。

資料1　カロリーをもとにした食料自給率(平成21年度)

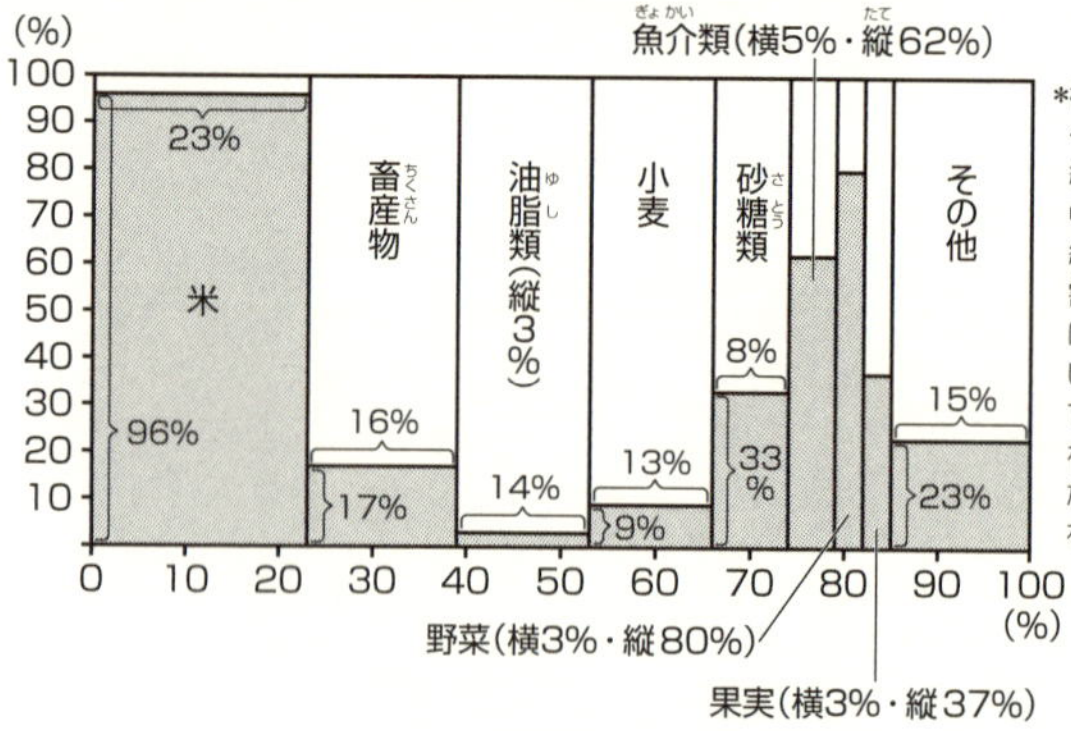

*横軸は国内ですべての食品で供給したカロリーの中で、各品目が供給したカロリーの割合《わりあい》を示し、縦軸は各品目の供給したカロリーの中で、国内で生産されたものが供給したカロリーの割合を表している。

(農林水産省「平成21年度食料自給率等について」より作成)

資料2　主な食料の輸入量の推移《すいい》

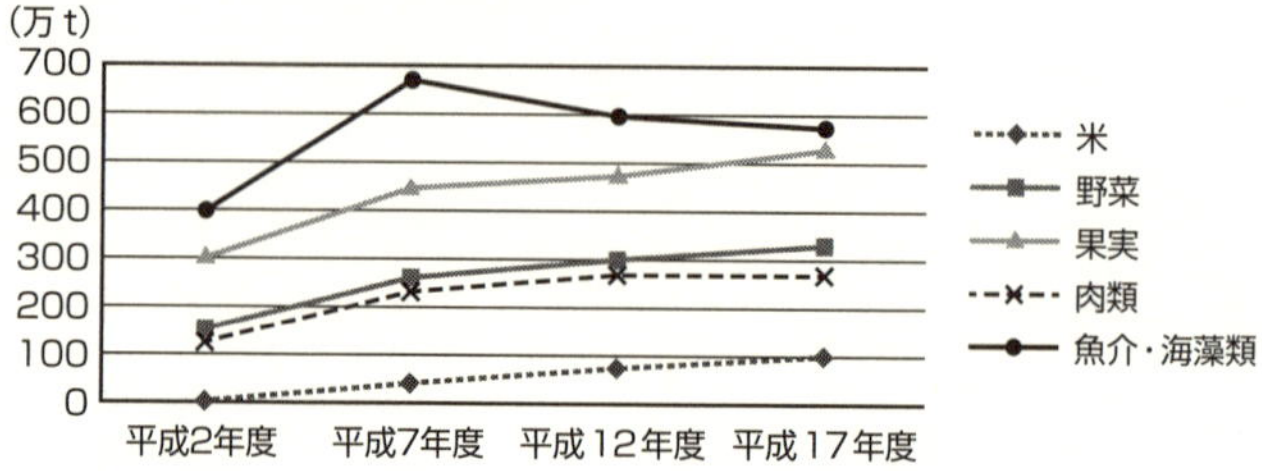

(「第59回 日本統計年鑑平成22年度」より作成)

資料1、資料2のグラフを見てわかることと、それをもとにした日本の食料自給率についての自分の考えを、次の〈条件〉をふまえて述べなさい。

〈条件〉

- 「資料1から○○が、資料2から○○がわかる。」というように、資料先を明示して記述すること。
- 「これらのことから○○と思われる。」と自分の考えに結び付けて答えること。

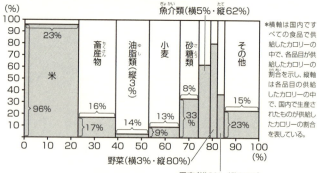

ていることは何と何なのか、明確に整理してから答案作成する癖をつけるためだ。

「先生、カロリーって何ですか？」

「カロリーについて、誰か説明してください」

「カロリーを取り過ぎると太る」

「カロリーとは、食物から取れるエネルギーです」

問題に関連することなら、遠慮なく質問していい。授業は一時脱線するが、そこから知識の枝葉が広がり、すべてが適性検査対策になる。だからｅｎａの授業には脱線が多い。

「3つの要素を書けばいいわけですが、いきなり全部やるのは難しいので、1個1個やっていきます。まず資料1だけ考えたいんですけど、何を書いたらいいと思いますか。目立つものを書かなければいけないということはわかると思いますが、何が特徴ですか」

「米と油脂類」

「油脂類は少ないってことね」

「先生、横軸の見方がよくわかりません」

勇気ある発言だ。ほかにもこのグラフの読み方自体がわからない生徒はいるはずだ。生徒たちがお米をどれくらい食べているかを聞くことで生徒たちの日常の感覚とグラフの内容を結びつけながら、グラフの意味を説明する。

「簡単に言えば、私たちが食べている食料の中で、お米の占める割合は22〜23%だということです。みなさんそれくらい食べていると思いませんか？」

「縦はどういう意味ですか？」

ほら、やっぱりグラフの意味がわかっていない生徒はほかにもいた。

「縦は国内の自給率ですよね。縦と横の関係はわかったかな？」

「はーい」

「では、全体から見たら食料自給率は高いですか、低いですか？」

「低い」

「知識で言うと、日本の食料自給率は何%でしたか？」

「40%」

食料自給率は適性検査でも頻出の項目。食料自給率のおおよその数字は知識として覚えているのだ。

「ではまず全体の食料自給率が低いことを書いてください。それから個別に見て目立つことを書いてください。『特徴』を聞かれたときには、全体と個別に目立つやつを書くんですよ。こういう問題は、難しくていい問題です。40%というのは知識だから無理に使わなくていいよ。せっかくだから知識を振り返りましょうか」

U先生は、ホワイトボードに品目別の食料自給率を書いていく。野菜は約80%で果物がその半分の約40%であるというように個別の知識をできるだけ関連づけながら説明していく。

「あ、これ前にも書いたわ！」

生徒の記憶が蘇る。

「日本の卵は安いですか、高いですか？　うまいですか、まずいですか？」など、あえて授業を脱線させながら、関連する事柄をどんどん拾っていく。長時間輸送のできない食料の自給率が当然高くなることを確認する。

「近郊農業で作るのはどんな野菜ですか？」

「パクチー！」

「違うでしょ。ネギやホウレンソウですね」

脱線を終了し、答案作成に戻る。

「お米が目立ちますけど、米について書かなきゃいけないことは何ですか？」

「自給率が高い」

「もう一つは何ですか？」

「カロリーが高い」

「そうですね。くり返します。日本の食料自給率が低いことと、お米が最も多くのカロリーを占めていて、かつ自給率も高いことをいっています。この問題は難しいのでゆっくりやってますけど、大丈夫ですか？　あとは目立つのは何ですか？」

「魚介類と野菜」

「そうですね。野菜は明らかに高いですから、野菜についても書いておいてください。低いものはたくさんありますから書かなくてもいいです。書きたかったら書いてもいいけど」

どう書くかはあまり細かく問わない。何を書くかの取捨選択が重要なのだ。

「次に資料2です。とりあえず3分間で、資料2からわかることを書いてみてください」

そう言うとU先生はタイマーをセットする。enaの各教室にはタイマーがある。

「資料2から何を書けばいいかわかったひと、手を挙げて」

半数以上が手を挙げる。

「書くべきことは２つあります。何だと思いますか？」

Ｕ先生は自分ですぐに答えを言わずに、必ず一度生徒に考える時間を与える。

「○○くん、お願いします」

「野菜と肉……」

「ええっと、野菜と肉じゃないです。全体としては増えてるってことはいいですか？　魚介類だけほかとはちょっと違う増え方をしていますがこれは気にしなくていいです。そのほかに、ここにある５項目の中から２つに注目してください。友達と相談してもいいので、１分間考えてください」

難しい。着目すべき点が、私にもわからない。

「わかった人」

「はい！」

「○○くん」

「米と魚介類」

「ほかには？」

「野菜と肉」

「1つは当たってますけど……」

「米?」

「はい。米は当たってます。もう1個は何ですか?」

「あ、野菜だ!」

「そうです! 米と野菜は自給率がそもそも高くないですか? でも輸入量が上がってませんか?」

これは資料2だけを見ていてもわからない。資料1で着目した米と野菜について、資料2からその輸入量の変化を読み取ることがこの問題の肝心要だというのだ。

「ちなみにみなさんは輸入したお米って買いますか?」

「たまに買います」

「もしお米が輸入されるとしたらどこの国から輸入されますか?」

「中国?」

「いいえ」

「インドネシア」

「いいえ」

「アメリカ」

「はい。アメリカです。カリフォルニア米って聞いたことありませんか？　日本人の口に合うようなお米です。どこで主に使われていますか？　スーパーではカリフォルニア米とかってあまり見ないですよね」

「家畜のエサ」

「違います。人間が食べます。でも、おうちじゃないってことです。外食用が多いんですね。ファミレスとかで国産米使用をわざわざアピールするじゃないですか。何もアピールしていないってことは外国産ってことなんですね」

この問題を解くうえでは必要ないが、こうやって知識の幅を広げていく。暗記するための知識ではなくて、日常生活の中で触れている情報を知識として昇華するイメージに近い。

「答えをほとんど言ってしまいましたが、資料2からわかることを書いてもらえませんか？　全体的に輸入量が上がっていることと、米と野菜は自給率が高いのに、さらに輸入しているということを書いてください。あ、もう時間か。平成2年から17年にかけて全体としては増えてます。自給率の高い米とか野菜も増えてますね。では結論は何ですか？」

「自給率が高いものでも輸入が増えている」

「そういうことですね。これから日本はどうなりますか？　輸入量は増えていきますか減っていきますか？」

「増えていきます」

「では自給率全体はどうなりますか？」

「下がる」

「下がるんですよね。それを書いてくれたらいいです。書き終わったら答えを見てみてください」

模範解答はこうだ。


資料1から、日本の食料自給率は全体的に低いが、最も多くのカロリーを供給している米の自給率は96％と高く、また野菜や魚介類の自給率も比較的高いことがわかる。また資料2から、すべての種類の食料の輸入量は、平成2年度に比べて平成17年度の方が増えていること、自給率の高い米や野菜についても輸入量が増えてきていることがわかる。これらのことから、今後も日本の食料の輸入量は増えていくことが予想でき、その結果、食料自給率はさらに低くなり、米や野菜の自給率も将来的には下がっていくと思われる。

模範解答のようにきれいにまとめるのは大人でも難しいのではないだろうか。しかし安心してほしい。適性検査は100%の正解を求める入試ではない。洗練された文章を書くことが期待されているわけでもない。模範解答に書かれている要素が不足なく、論理的に書かれていればそれで十分及第点が狙える。

「宿題ですけど、1つは、この6ページの問題を復習ノートにやり直してください。それと、7~9ページまでやっておいてください」

この日進んだのは結局2問だけ。じっくり時間をかけて、たくさん寄り道もしながら理解を深める。それがenaの適性検査対策の授業のスタイルだ。

◆算数も理科もやる「適性理系」

約10分の休憩を挟んで「適性理系」の授業が始まる。担当は、この校舎の校長でもあるベテランのY先生。

「挨拶するぞ」

「気をつけ。礼。よろしくお願いします！」

先ほどとは打って変わって、ビシッとした雰囲気で授業が始まる。

「はい、じゃ、テストからやるよ」

A4サイズの「確認テスト」を配付する（図9）。制限時間は7分間。

「よーい、始め」

適性検査のように、問題文を含めると17行にもおよぶ長い会話文になっているが、要するに算数の公倍数の問題だ。私立中高一貫校の入試問題であれば「一定の間かくで1分間に30回光る青色の電球と1分間に20回光る赤色の電球があります。（1）2つの電球が同時に光るのは1分間で何回ですか。（2）一定の間かくで光る黄色の電球を増やして3つの電球が1分間で5回同時に光るようにしたい場合、黄色の電球は1分間に何回光るようにすればいいでしょうか。2つ答えなさい」といった形で出題されるはずだ。

7分が経過して、その場で答え合わせをする。

「（1）が10、（2）が5回と15回。全部で10点満点です」

Y先生は一人一人に点数を聞き、メモする。確認テストの点数は毎回記録に残すのだ。

「簡単に説明します。ノート出せ」

【図９】ena 小6「適性理系」確認テストより

1 冬休みになって、たくやさんがみちこさんの家に遊びに行きました。そこにはクリスマスツリーがかざってありました。

たくや：このクリスマスツリーは赤と青の２色の電球が光ったり消えたりしてきれいだね。

みちこ：それぞれ同じ時間の間かくで、光ったり消えたりするのよ。１分間で何回光るか回数を調べてみましょうよ。私は赤色の電球をみるから、たくやさんは青色の電球ね。光って消えた直後から数え始めるわよ。

たくや：青色の電球はちょうど30回だよ。

みちこ：赤色の電球はちょうど20回だわ。

たくや：同時に光ることがあるけれど、この二つの電球が１分間で同時に光る回数を調べてみよう。同時に光って消えた直後から数え始めるよ。

みちこ：１分間で同時に光る回数は□回ね。

たくや：同時に光るときがあるからきれいに見えるんだね。黄色を増やして３色にしたほうがもっときれいになるんじゃないかな。

みちこ：どれくらいの間かくで光ったり消えたりする電球にしたらいいのかしら。

（１） 会話文の□に当てはまる数字を答えなさい。（②点）

（２） ３色の電球が同時に光って消えた直後から、３色の電球が１分間で５回、同時に光るようにするには、黄色の電球は１分間に何回光ればいいでしょうか。２つ答えなさい。（④点 × ２）

Y先生は生徒たちのことをみんなファーストネームで呼ぶ。

「○○、青い電球についてどう書いてある?」

「1分間に30回光る」

「おう、そうだよね」

「ここからキミは何を考える?」

「1回と2回の間は何秒か」

「何秒だった?」

「2秒」

「うん、2秒だね。OK」

同様に、赤の電球についても生徒に聞きながら3秒ごとに光ることを確かめる。

「2秒ごと、3秒ごとと言えばいいか。こうやって光るんだよね。そうしたら(1)は何を答えればいいんだっけ?」

「1分間に同時に光る回数を答えればいい」

「そうそう、ありがとね。1分間に同時に光る回数だね」

「最小公倍数」

「そうそうそう！」

「ということは、何秒ごとなんだ？」

「6秒ごと」

「そうだ。2と3の公倍数ごとに光るはずだから、6秒ごとだよね。聞かれているのは1分間に同時に光る回数だから、どうすればいい？」

「60割る6」

「そうそう。それで10。これで2点ゲットでしょ。やばい、0点だった人。がちょーん。大丈夫？　意味わかった？　できると思わない？　できるでしょ⁉」

Y先生は、非常に丁寧に、そして生徒たちを励まし、やる気を引き出すような口調で授業を進める。さすがの授業運びである。

「こういうのやるときって、本当に合ってるのか不安じゃん。先生だったらこうやって、実際に描いてみるね」

ホワイトボードに、表を描き、青は2秒おき、赤は3秒おきに○を描く。

「60秒間ぜんぶ調べるのは大変だから、半分にしようか。こうすれば、ほら、6秒、12秒、18秒とわかって、計算と合ってるなって自信がもてるでしょ」

私立中高一貫校の入試問題としては定番で、それほど難易度の高いものではない。難関校志望者なら見た瞬間に解き方が頭に浮かび、小6の2学期ともなれば解説も一瞬で終えてしまうだろう。しかしｌｅｎａの都立中対策コースではそこにもじっくり時間をかける。計算だけで終わりにせず、本質理解を促す。こういうところでやはり、私立中高一貫校対策の授業とは重点を置く場所が違うのだ。

「黄色を増やしたときに1分間に5回同時に光るってのはどういうことよ？」

さっと手を挙げた生徒を指名する。

「1分間で5回だから、60割る5で12秒ごとに同時に光るということなので、12が3つの電球の最小公倍数になればいいかなと思います」

「そうそう。すばらしい。いまのわかった？ みんなのみ込めてる？ （1）で6秒ごとというのは、2と3の最小公倍数だったでしょ。こっちは12秒ごとといっているから、最小公倍数が12だったらいいんじゃね？ってことなんだよね。2と3と何かの最小公倍数が12ってことだ」

そこで先ほど使用した表を再び使う。

「3つ同時に光るということは、青と赤は絶対同時に光ってなきゃいけないじゃん。だから、6と何かの最小公倍数が12になるようにと考えればいいじゃん。そうすると、黄色は4秒ごとか12秒ごとに光るってことになるよね。6秒ごとだと、最小公倍数が6になっちゃって6秒ごとに光っちゃうから、1分間に10回同時に光っちゃうよね」

先ほどの表に黄色の欄を付け足して、4秒ごとでも、12秒ごとでも、同じタイミングで3つの電球が光ることを確かめる。

「だから、60割る4で15回と、60割る12で5回の2つが答えになるよね。イェーイ。これ、しっかり復習ノートにやり直してね」

ここまでで約25分間。授業時間の約3分の1が経過した。

「よーし、いいか。テキスト出して。15ページ（図10）。今日はゾウリムシとヒメゾウリムシの話」

「ゾウリムシって何ですか？」

enaの授業では、内容に関係することならどんなことを質問してもいい雰囲気がある。その質問が、ほかの生徒の理解を深めたり、知識を増やしたりすることにつながるからだ。ただしその分、どこまで話を広げて戻せばいいのか、教える側の力量が常に問われる。

「ゾウリムシってさあ、草履みたいな形をした微生物」

【図10】ena 小6「適性理系」テキスト(下巻)より

1 はなこさんは、見沼《みぬま》たんぼにすむ小さな生き物について学習することになり、ゾウリムシのことを調べたり観察したりすることにしました。「はなこさんが調べたこと」をもとにして、次の問いに答えなさい。

はなこさんが調べたこと

図1のゾウリムシや少し体の小さなヒメゾウリムシは、水にすむ微生物《びせいぶつ》のひとつです。両方ともバクテリア(細菌《さいきん》)などをエサにしており、手軽にビンの中で飼育することができます。

ゾウリムシのふえ方は、図2のように体が半分にわかれて、1匹《ぴき》が2匹《ひき》になるというようにふえていきます。このようなふえ方は「分裂《ぶんれつ》」とよばれます。エサなどの条件がよければ、どんどんふえていきます。

図1

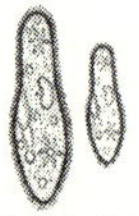

ゾウリムシ(左)とヒメゾウリムシ(右)

図2

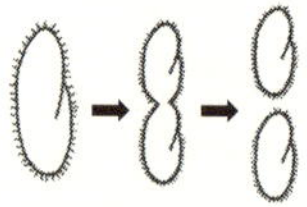

ゾウリムシやヒメゾウリムシのふえ方(分裂)

(1) 図3は、ゾウリムシとヒメゾウリムシを別々に飼育した時の数(個体数)の変化を表したグラフです。個体数は、飼育しているビンの水0.5cm^{3}あたりの数で示しています。ゾウリムシについて、最も個体数の増加の割合《わりあい》が大きい期間を、次の**ア**～**エ**の中から選び、記号で書きなさい。

ア 0日目～2日目　　**ウ** 4日目～6日目
イ 2日目～4日目　　**エ** 6日目～8日目

図3

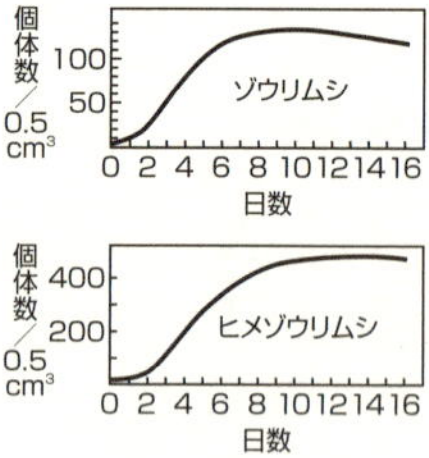

(2) ヒメゾウリムシの個体数は10日目以降《いこう》、ほとんど変わりませんが、それはなぜですか。理由として最も適当なものを次の**ア**～**エ**から選び、記号で書きなさい。

ア ヒメゾウリムシが、エサをすべて食べつくしてしまったから。
イ ヒメゾウリムシが、分裂するのをやめたから。
ウ ヒメゾウリムシの、分裂でふえる数と死んで減る数が、ほぼ同じになったから。
エ ヒメゾウリムシの、分裂でふえる数が、死んで減る数より多くなったから。

(3) ゾウリムシとヒメゾウリムシをいっしょにまぜて飼育した時、図4のグラフのように、個体数が変化しました。図4のグラフの結果になった理由を簡単《かんたん》に説明しなさい。

図4

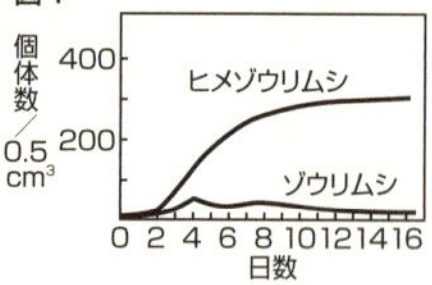

「先生、草履って何ですか？」

「草履？　知らない？　そうか、草履っていまどき言わないもんな。草履ってさあ、サンダルみたいなもんだ。お前が履いてるやつだよ。それを日本語でいうと草履だよ」

Y先生はホワイトボードにゾウリムシの絵を描きながら、ゾウリムシについての説明を一通りする。

「体長は100マイクロメートルくらいです。横幅が40マイクロメートル。1マイクロメートルは1ミリメートルの1000分の1です」

「小さい」

「ゾウリムシは身体のまわりに毛がたくさん生えていて、これを使って泳げるんだ」

「きもっ！」

「お前らだって、大人になればすね毛とか生えてくるだろ。大人はみんなすね毛で泳げるんだぜ」

「えっ、ほんと⁉」

「うそだよ。なわけねーだろ（笑）」

「ゾウリムシは動物性プランクトンの一種で、単細胞生物です」

「じゃ、バカってことですか？」

「よく言われてるの？　それは比喩的な表現ですよ」

「お父さんに言われる（笑）」

入試本番を5カ月後に控えているとは思えない、いい意味でほのぼのとしたやりとりだ。

「ゾウリムシってすごいんだよ。1個が2個に増えて、それぞれがまた2個ずつこうやって増えるんだよ。すごいと思わない？　このあとはどうやって増えるの？　2個が4個になって、4個が8個になって、8個が16個になって……。問題文に書いてあったよね。『エサなどの条件がよければ、どんどん増えていきます』。これ、結構重要なキーワードだよ」

問題では、ビンの中で飼育されているゾウリムシの数の変化を表すグラフが示されており、そこから読み取れることを問うている。テキストの単元としては「実験結果を読み取り考える」である。

「ゾウリムシのグラフとヒメゾウリムシのグラフの縦軸の数値が違うってところ注意してね。引っかけだよね。ヒメゾウリムシのほうが圧倒的に数が多いよね。もしずっと2倍ずつ増えていくならグラフの傾きはだんだん急になっていくはずなのに、このグラフは途中からほとんど増えてないよね。ビンの中で育てていると、実際には一定の数以上に増えないってことなんだね」

（１）はグラフの傾きの大きいところを選べばいい。答えはイとなる。

（２）は、途中から個体数が増えなくなる理由を問われている。グラフを見てもその理由は書かれていない。

「なんで途中から増えないんだ？」

「エサがなくなったから」

「動物に食われるからじゃない？」

「これは飼育されていてメダカとかはいないんだよ」

「水が汚れてしまう」

「あー、そういうのもあるだろうね」

「今回は、選択肢の中から理由を選べばいいから、この中ではどれだろうね」

「ア！」

「ほんと？　えさを食べ尽くしちゃうの？」

「エ！」

「えぇ〜？」

「ウです」

「これはウじゃない？　エサを食べ尽くしちゃうというアだったらどうなるの？」

「減ってく」

「全滅しちゃうだろ」

教室全体で考えて、みんなで意見を言い合う。

「分裂するのをやめたというイだったらグラフはどうなるはず？　どんどん減ってくはずだよね。だから違うよね。ウだったら、増えも減りもしないから、数が一定ってことになって、これは○でしょ。エはどう？　エだったら数が増えていなきゃおかしいもんね。だからダメ」

選択肢を素直に読めば、ウ以外はグラフと矛盾することがわかる。よって答えはウ。

「なんとなくこれかなーって選んじゃうんじゃなくて、この場合正解はどれか1個なんだから、根拠を考えるようにしてね」

いわゆる論理的思考というやつだ。

「次の（3）のグラフは衝撃的だよね。ゾウリムシとヒメゾウリムシを一緒に飼ったんだって。そうしたらヒメゾウリムシのほうが増えてゾウリムシは減ってっちゃうんだよね」

「女のほうが強いっていうじゃないですか」

男子生徒のつぶやきに教室中爆笑。Y先生は慌てて、「ヒメ」というのが、この場合、女性を意味しているのではなく、サイズが小さいことを示していると補足する。

「さっきの図3を単純に重ねればこういうグラフになるはずなのに、同時に飼ったらどうなるのかって、ヤバいよね、これ。ゾウリムシこのままじゃ全滅じゃん。同時に飼うとどうなるの？　ヒメゾウリムシのほうがどんどん繁殖して……。エサなどの条件のことが問題文に書いてあったよね。その辺に注意して」

「ヒメゾウリムシのほうが強かった！」

「強いって、力が強いってこと？」

「繁殖力！」

「みんなよく勘違いするのが、ヒメゾウリムシがゾウリムシを食べちゃったとか……」

「そうだと思う」

「そうかもしれないよ。でもこのグラフからそんなこと読み取れるのか？」

推測で答えを書くのはＮＧだ。あくまでも与えられた実験結果の中から読み取れることをもとに答案を作成しなければいけない。

「(1)で増え方の割合に注目したよね。だからここでも『増え方の割合』という言葉を使いましょうよ。それから問題文にあった、『エサなどの条件がよければどんどんふえる』に着目して」

Y先生はホワイトボードに解答例を板書する。

ヒメゾウリムシは、ゾウリムシよりも増え方の割合が大きいので、ゾウリムシよりも数が多くなった。そのためゾウリムシはエサが奪われて、なかまを増やすことができなくなり、ヒメゾウリムシがゾウリムシとの○○に勝った。

あえて最後の部分を「○○」と空欄にした。

「生存!」

「力!」

「競争!」

「おっ、いまヒットしたよ」

「競争？」

「そう。競争だよ。走る競走じゃないからね」

この模範解答とて多分に曖昧さを含んでいるように感じられる。この実験結果からは、本当にエサが奪われたことが原因なのかはわからないはずだ。そこを因果関係で結んでいいのか、論理的には疑問が残る。しかしそんな難しいことは考えず、与えられた語句と条件の中から素直に答案を作成しなさいというのが適性検査の流儀なのかもしれない。

「じゃあ、今日はここまでだが、宿題。次回の授業で2とかは解説しますよ。引き続き、先にどんどん進めてください。21ページの確認問題まではやっておきましょう。それから日々学（日々の学習）、合格への道、復習ノート提出ね」

ゾウリムシの問題だけに、授業の後半3分の2を費やした。効率優先でたくさんの問題を解いていく私立中学受験塾の授業とはやはり違う。

◆得点の積み上げを意識する「作文」

続いて金曜日の16時50分から始まる「作文」。担当は温和そうなベテランのI先生。「適性文系」と「適性理系」の授業が、いわゆる横書きの適性検査の対策なら、「作文」

の授業は縦書きの適性検査の対策だ。純粋に、不思議に思う。集団授業で、作文などどうやって指導するのだろう。

3分間の漢字テストから授業が始まる。漢字練習帳が渡されており、毎週の範囲が決まっている。テスト回収直後、前週に出した宿題のプリントを忘れた生徒が多いことが発覚し、授業の冒頭からいきなりI先生のカミナリが落ちる。

「よし、じゃ、いいよ。やろう。テキスト開いて」

パースペクティブ小6「作文」下巻の「〈1〉言語論①」を開く。町田健の『ソシュールと言語学―コトバはなぜ通じるのか』（講談社現代新書）から、2000字程度の箇所が引用されている。著作権の関係でここに転載はできないが、これがなかなか高度な文章だ。

人間のコトバが、どうして地域や民族によって異なり、さらに時間の経過とともに変化してしまうのかというテーマを扱っている。同じ言語を使う集団の中でもコトバの「変異」が常に存在し、その結果として言語の「変化」が生じると筆者はいう。コトバの基本的な機能すなわち「伝達」の目的から言えば、変異などしないほうがいい。しかしそれでもコトバが変異するのは「伝達」以外の要因によるものだと推測でき、それはおそらく「属性」に関わるのではないかと筆者は主張する。そして人間は「他人と同じになろうとすると同時に違うところもあわせもちたいと思う矛盾した存在」であると指摘する。

これに対する設問は３問。いずれも記述式。

［問題１］――①「例えば、若《わか》い世代の人々だけにしか理解できない表現があったとすると、その表現を使って年配の人に話しかけても、意味が通じないことになります。」とありますが、具体的にどのような場面が考えられますか。説明しなさい。

［問題２］――②「人間の内部にあるこうした矛盾」とありますが、何と何が「矛盾」しているのですか。それぞれをA、Bとして二つ答えなさい。また、A、Bそれぞれについて、自分の経験をまじえながら二百字以内で説明しなさい。なお、書き出しや、改行などの空らんや、や。や「なども、それぞれ字数に数えなさい。

［問題３］――③「コトバの変異はなくならないと思われます。」と筆者は述

べていますが、このことについて、あなたが考えたことを二百字以内でまとめなさい。なお、書き出しや、改行などの空らんや、や。や「なども、それぞれ字数に数えなさい。

前週のうちに課題文は読んでおり、問題1にはすでに触れていたようだ。課題文と問題1の問いかけが頭に入っている前提で、授業が始まる。

問題1の答案を生徒に発表させ、それをI先生が板書する。

お店で働いている女子高校生が、お客さんにJK語を使ってしまって、お客さんがわからなくなってしまった。

「時数制限はないからね。これくらいでいいよね。でもちょっと待って。添削します」

ホワイトボード上で、答案を添削する。

「まず普通、女子校生は働かない。こういうのはなんていうの？　アルバイトっていわないと変だよね。お店ってどういうのを想定しているの？」

「コンビニとか」

「コンビニね。それから、JK語はやめよう（笑）。わかるけどさ。たとえば女子高生はどんなことを言うの？　チョベリバ？　マジすか？」

板書の答案を次のように書き直す。

コンビニでアルバイトをしている女子高生が、友達同士で使うような言葉をお客様に対して使っておどろかれる場面。

問題2。文中傍線部「人間の内部にあるこうした矛盾」の「矛盾」に当たる2つの要素について、自分の経験を踏まえてそれぞれ200字以内で説明せよという問題だ。概念的に説明するのではなく、自分の経験を踏まえて具体的に記述させるところが適性検査らしさである。

「まずさ、矛盾ってわかる？」

「あることとあることの意見が、筋が合わない……？」

「まあ、そうだね。つじつまが合わないとか、食い違うということだよね。ちなみに矛盾の由来までわかるひとはいますか？」

「商人が、何でも壊せる矛を持っていて、一方で何でも守れる盾も持っていて、じゃあそいつらを戦わせたらどうなるんだよと聞かれて答えられないというのが矛盾の始まり」

「そういうことだよね。そのうえで、AとBと、表題が間違っていたらどんなに自分の経験を書いても点はもらえないよ、この問題では。では○○さん、Aの答えを言ってみて」

「同じ集団の他の成員と共通の特徴をもとうとすること」

「はい。正解です」

I先生が「表題」と表現した「何について書くべきか」は、課題文中に「正解」がある。作文だからと勝手なことを書いていいわけではない。

I先生は生徒の発言をホワイトボードに書き取る。

「特徴の徴の字は中2の字だから書けなくてもOK。でもみんなの習慣として、本文に書いてある漢字はそのまま見て写しちゃいなよ。そのほうが覚えられていいでしょ。そして、『何と何が矛盾しているのですか』と聞かれているから、『こと』で終わろうね。ここが抜けてたらダメです。この内容が書けていたら、10点です」

答案を作成しながら、点数を構成する要素を意識させるのだ。

「Bのほうも言って」

「同じ集団の他の成員と何らかの点で異なった特徴を示したいということ」

「そこだよね」

　Bの表題もホワイトボードに書く。これでまた10点ゲットとなる。

　すると生徒の1人が質問した。

「それ、そこまで丁寧に書かなきゃダメですか」

「うん。だってさ、何に対してというのがないとさ。もし『異なった特徴を示したい』というところだけになっていたら、5点。『同じ集団の他の成員』というのが重要なんだよ。ざっくり『ほかの人』とか書いてしまった人は5点にしておいてね。この部分ね、やっぱり厳格なの」

　矛盾するAとBは出そろった。あとはそれぞれに自分の経験を書き足せばいい。ここでI先生は、みんなの答案を集めて議論するつもりだった。しかしせっかくそのために配った解答用紙のプリントを大勢が忘れてしまったので、冒頭のカミナリだった。

「じゃ、例を挙げるよ。200字だからだらだら書いても大丈夫だよね。段落は作る必要ある？　自分の経験を交えて書くんでしょ。どういう書き方をすればいいの？　簡単だよ。

『いりたまご』の『た』でしょ。『たとえば』で始めればいいよね」

「いりたまご」とは適性検査の作文の答案を作成する際のポイントをまとめた標語のようなものだ。「い」は意見。「り」は理由。「た」は体験。「ま」はまとめ。「ご」は誤字脱字。

「たとえば、スマートフォンのｉＰｈｏｎｅをみんな持っているのに、私だけ持っていないのは嫌だなあ、買ってよ、だってみんなと違っちゃうじゃない。そうしたら買ってくれることになった。買ってくれることは良かった。でもみんなと同じｉＰｈｏｎｅじゃ嫌だなあ。最新バージョンがいいな。みたいな。これだよね。わかる、言ってる意味？」

これをホワイトボードに文章としてまとめる。表題には「正解」があっても、経験には「正解」はない。I先生は解答例を見ながら授業をしているのではない。教室の雰囲気、話題に合わせて、アドリブで経験例を挙げ、文章にまとめていく。適性検査対策の授業ではこういう場面が多い。「正解」が一義的に決まる問題の解き方を教えるのとはそこが違う。毎回の授業が即興ライブだ。


たとえば、クラスのみんなはスマートフォンを持っているのに、自分だけ持っていないのが、恥ずかしいような気持ちがしたことがあります。

「自分の経験を書くっていう問題に対しては、自分の身にさもあったように丁寧に書けば、経験になるんだよ。先生にこの経験が実際にあったと思いますか？　先生が子供のころスマートフォンないからね（笑）」

適性検査の問題を見て残酷だと私がときどき感じるのは、経験を思い出させて書く場面が多いことだ。経験が乏しければ当然書けない。一方で、経験が豊富すぎてもどれを選んでいいのか迷ってしまう。大人だって「こんな経験はありませんでしたか？」と聞かれてとっさに答えられないことは多いだろう。試験時間中に一度迷い始めてしまったら、パニックだ。そうならないための「割り切り方」も教えておくというわけだ。

「でもこれじゃ、２００字にならないよね。そうしたら『いりたまご』の『ま』。まとめだよ。『このように』っていう形にしちゃえばいいんだよね」

ホワイトボードに答案の続きを書く。

このように、まわりのみんなと同じでいたいという気持ちが人間には必ずあるのだと思います。

「これでも160字もいかないけど、もっとだらだら書いてもいいってことだよ。じゃあ、近くの人と答案を交換して読み比べてください。具体的な体験として読み取れることが、同じようなことですか。おそらく多くの人は持ち物やファッションのことを書いているかな。中身が納得できますか。実例がちゃんと出てますか。実例があれば10点。まとめの内容がありますか。まとめがあれば10点。まとめは、文中に書かれている難しい文章をやわらかく言い直して、意味がわかっていることが伝わればいいです」

他人の答案を客観的に見て、必要な要素が揃っているかどうかを確かめることで、答案作成の勘所が身に付く。自分の答案だけを見ていても、客観的な視点はなかなか育たない。これは集団授業で作文指導をするメリットだといえる。

「じゃ、Bのほうも同じようにやっちゃおう」

たとえば、私が、スマートフォンを買ってもらったとき、みんなと同じバージョンだと物足りなくて、新製品を欲しいとたのんだことがあります。このように、持ち物がほかの人とまったく同じだと嫌だという気持ちが人にはあるのだと思います。

「これもまだまだだらだら書けます。でも具体例とまとめがあれば、10点、10点。交換してお互いに点を付けて。問題２までは交換で点数を付けてもらって、問題３については先生が見ないとダメだと思うので、この段階で集めます。プリント忘れちゃった人は新しいのを渡すから、ここで再現してもらえる？」

問題３は、「コトバの変異はなくならない」という筆者の考えに対して「あなたが考えたこと」を２００字以内で書かせる問題。

「変異ってあんまり使わない言葉だよね。突然変異とかね。ちなみにね、アメリカ版のゴジラって、元の動物がいるんだよ。知ってる？　単なる怪獣じゃないんだよ。あれはね、水爆実験の放射能を浴びて突然変異したイグアナなんだぜ」

子供たちが普段使い慣れない難しい言葉については、身近な例を出していちいち丁寧に説明する。これもｅｎａの授業の特徴だ。テキストで熟語を丸暗記するのとは違い、しっかりと定着するだろう。

「コトバの変異というのは、地域によってコトバが違うことをいっているよね。コトバが今と昔で変わってくるのは、変化といってるよね。ここをちゃんと読み取ってないとダメだよ。つまり時代は同じでも、場所によってコトバが違うこと、これについてあなたはどう思いますかという問題だ」

Ｉ先生はホワイトボードに縦軸・横軸の表をかき、縦軸を時系列に伴うコトバの変化、横軸を地域の違いによるコトバの変異と位置づけた。そして集めた答案の中から1つを読み上げる。

「私はたしかに筆者の言うとおりだと思います。今は大変な速さで技術が進歩しており、いつかＡＩが人間を抜くのだといわれています。ロボットのように均一性をもち、生産だけに努めるだけでは、何のためにロボットを頼りにしているのか、元の答えがわからなくなってしまうのではないでしょうか。個性そしてコトバの変異があり続けることが大切なのだと感じています。……どう？」

「・・・・・・」

「あれ？　ちょっと待って。コトバの変異っていうのは空間的な差異のことなんだよ。ｅｎａの模範解答を見てみよう」


特定の世代や、職人のような特定のチームの中でしか通用しないコトバを使うことで、チームの内部の人間には理解できるだけでなく、チームの外部の人間には理解できない、ということを通し、二重にチームのつながりが感じられます。

ですから、私も、筆者と同じくコトバの変異はなくならないと思います。人間が個性を主張する上で、もっとも簡単にそれを行うことができると思うからです。


そもそもこの問題、都立中の実際の適性検査をもとにしているが、個人的には随分と乱暴だと感じる。「コトバの変異」だなんて普段大人でも考えないテーマについて、制限時間の中で自分の意見として論じろというのだ。もし私が仕事として「コトバの変異について論じてほしい」と依頼を受けたなら、締め切りまで少なくとも１週間の時間はもらうだろう。

Ｉ先生は、ｅｎａの模範解答をホワイトボードに書き写す。そして解説する。

「さっき問題１と問題２をやったでしょ。それも踏まえて問題３を書くんだよ。本当は最初から問題３を６００字で書かせてもいいんだよ。でもその手前で、とりあえずここの部分を考えてねと指示してくれているわけだ。最初から６００字で書かせると、人によってばらばらのことを書くようになってしまうから、採点者が大変なのね」

問題1と問題2が、問題3の解答の幅を限定するための誘導であると種明かしする。そのうえでI先生は、模範解答を赤ペンで区切りながら、どのような要素で構成されているかを解説していく。

「模範解答のここで、実例が出されているでしょ。次のこの部分に本文の内容をちゃんと理解していることが書かれているよね。で、ここが自分の意見だよね。だから、最初の部分が『いりたまご』の『た』で、次が本文で、次が『い』だよね。そして最後の部分が『ま』のまとめでしょ」

難しく考えることはないのだ。出題者の意図に素直に従って答案を書けばいい。

ここで私は若干の憤りを感じた。enaの指導に対してではない。適性検査の問題に対してだ。「コトバの変異」などという壮大で深いテーマを扱っているのである。そこでじっくり考えて自分の言葉で表現するよりも、出題者の意図に沿った答案を書くほうが有利になるのだとしたら、その問題にどんな意味があるのか。子供たちのどんな能力を見たいと思っているのか。従順に、大人の敷いたレールに乗っかる能力か。だとすれば、そういうことに抵抗を感じるタイプの子供は、公立中高一貫校には向かないだろう。

しかし適性検査の問題に文句を言っても始まらない。そんな無茶振りに即座に対応する力を、ｅｎａでは教えなければならない。

「キミたちはこの解答をどう評価するか。この問題は全部で20点だから、まとめがあること、意見がはっきり書かれていること、本文の意味合いを踏まえていること、実例がちゃんと挙がっていることの4つの観点でそれぞれ5点だ。だとすると、さっき読んだ答案は、5点だ。意見しか書かれていないから。ロボットの例はここに挙げる実例としてはふさわしくないね」

採点の基準を教えてから、みんなから集めた答案を次々と口頭で紹介する。そしてそれが何点かを生徒たちに考えさせる。「5点！」「10点！」などと生徒たちの意見は分かれる。そこでI先生が、「これは、まとめと意見しかないから10点だよね」「これは、かなり要素を抑えているよね。具体例がちょっとでもあれば完璧でした。15点」などと講評する。ここに授業の残り時間の15分間ほどを費やす。たくさんの具体的な答案に触れ、それに対する評価を知ることで、答案に含めなければいけない要素を具体的に認識できるようになる。これを毎回の授業でくり返すことで、要素に抜けのない答案が書けるようになるのだ。

「いま、解説を聞いて、『全然違うことを書いちゃった』と思っている人がいたら、こういう復習をして。この解答例で、入れ替えがきくところはどこかを考えて。まず『コトバの変異はなくならないと思います』というのは変えようがないよね。でも実例は、職人の例ではなくて、子供同士のやりとりに入れ替えることができるよね」

宿題は漢字練習帳の続きと、今日の内容を復習ノートにやり直すこと。

授業後、I先生に聞いた。

システマチックに作文する方法だったと思うが、これをやるとみんな同じような文章にならないか？

「それはあります。これは適性検査に合格するための指導であって、本来的な作文の指導かといったらそうではない部分もあると思います」

やはり。そこを割り切ることも、適性検査対策には必要なのだ。

◆受検生の再現答案を分析して配点を推測

金曜日の後半には、「適性理系」の授業がある。「適性理系」の授業は、火曜日と金曜日の2回実施されるのだ。この校舎では同じ「適性理系」の授業でも、火曜日には理科的な分野、金曜日には算数的な分野を中心に授業を行うようにして、担当講師も替えている。

この日の「適性理系」では、テキストの「〈２〉規則性②　図形の規則性」から発展問題①と、「〈６〉条件を合わせて考える①」から確認問題①をみんなで解いた。私立中学入試にも出てきそうななかなかの難問だ。授業のスタイルは普通の私立中学受験塾とほぼ同じになる。違いは、公式を当てはめておしまいではなく、１つずつ原理原則を説明するので、ペースがゆっくりになることくらいだ。火曜日のＹ先生による「適性理系」の授業の前半、「確認テスト」の解説の部分と授業のスタイルは同じである。

月曜日には「理系演習」という１５０分間の授業がある。一応オプションではあるが、ほぼ全員の生徒が受講する。これははっきり言って、算数の授業。教材を見せてもらったが、私立中学受験対策の算数とほぼ同じ内容だ。適性検査を受けるうえでも、純粋な算数の学力があったほうが有利だからだ。ただし難関私立中高一貫校で出題されるような難問奇問はほとんど扱わない。

水曜日には「作文演習」という授業がある。これも一応オプションであるが、ほぼ全員の生徒が受講する。これは先ほどのＩ先生による「作文」授業のロングバージョンと考えてもらえればいい。１５０分間の時間があるので、授業の中で実際に問題を解く場面が増える。

小5の授業も見学したが、雰囲気的には小6の授業と変わらない。あえて違いを挙げれば、小6よりも小5の授業のほうが、より教科によっているイメージがある。最終的に適性検査のような総合問題に対応できるようになるためには、その素地として、やはり国語・算数・理科・社会の基礎学力が必要なのだ。

ちなみに、授業の実況中継の中で、答案に対する採点基準が何カ所か出てきた。たとえばI先生の「作文」の授業では、「実例＝5点、本文＝5点、意見＝5点、まとめ＝5点で、合計20点」というように。しかし公立中高一貫校自身が、適性検査の個別の問題の配点や答案に対する採点基準を明かしているわけではない。授業中に語られている採点基準はあくまでもｅｎａが独自に判断したものだ。

ｅｎａでは毎年、公立中高一貫校受検者に、2月3日の受検当日その日のうちに再現答案を書いてもらい、それを分析し、合否結果および得点開示で得られる得点と照合し、採点ロジックを推測している。その精度が高いからこそ、ｅｎａの現在の実績があるのだろう。

◆公立中高一貫校に向いている子供とは?

想像以上に、私立中学受験塾の授業とは雰囲気が違った。「正解」のはっきりしない問題が多いため、講師たちは大変だろうなと感じた。一方で、適性検査問題の脆弱さのような部分も感じた。

嫌みな言い方をすれば、「大人が想定した子供の思考の枠の中で答えなさい」という、見えない前提条件があるように感じる。いくら「正解」はないとはいっても、大人が想定できないような突飛な答案を書く子供が高く評価されるのかどうか、わからない。

適性検査には向き不向きがきっとある。それが公立中高一貫校生としての「適性」といわれればそれまでだが、若干腑に落ちない。

Y先生に聞いた。

どんな子供が適性検査に向いていると思うか?

「適性検査では、落ち着いて文章を読んで、そこに与えられた条件の中で考えることが要求されます。IQが高ければ受かるというわけではありません。感覚的に鋭くて、普通の子にはないひらめきや特別な視点をもっているような子は、高評価を受けられないかもしれません。逆に、小さな成功体験を積み上げて、自分を信じてコツコツと道を開いていけるタイプの子が力を発揮しやすいですね」

灘や開成に受かる子でも公立中高一貫校には落ちることがあるといわれるゆえんはここにあるのだろう。

公立中高一貫校では小学校からの「報告書」要するに通知表の成績も評価の対象になっている。学校の成績を上げるためにenaとしてしていることはあるか？

「特にはありません。学校の成績はしっかり取ろう、学校の先生には協力的な態度を見せようとアドバイスするくらいです」

小学校の成績はどの程度合否に影響するのか。

「小学校の成績のウェイトはだいたい2～3割ですが、学校により異なります。成績を得点換算するときの計算式も学校によって違いますが、3段階評価の3を25点、2を20点、1を5点に換算する学校が多い。3と2の点差はそれほど大きくありませんから、だいたい2を取っていれば適性検査で十分逆転が可能です。でも1があるようではかなりきつい。enaの『都立中学校別合判』では学校の成績についても申告してもらい、志望校の計算式に厳密に従って得点換算して適性検査との総合点で合格判定を出します」

音楽や体育で1を取ってしまうような偏りのある子供もきつい。

◆家庭で親がすべきこと

ｅｎａに来るまでに家庭で意識すべきことはあるか？

「しっかり読むことができないといけないので、やっぱり読書の習慣がある子は有利ですね。図鑑を眺めるだけでなくて、後ろのほうの解説ページまで読む子供は適性検査に向いているでしょう。必要な情報を瞬時に判別する訓練になりますから。日常生活では、電化製品の取扱説明書なども子供に読ませるといいでしょう。必要な情報を瞬時に判別する訓練になりますから。特に理系に強い学校では空間把握能力を重視する傾向がありますから、幼少期に積み木やブロックで遊ぶ経験もプラスにはなるでしょう。段ボール箱や牛乳パックを分解してみて、どういう構造になっているのかを確かめるのも役に立つとは思います。あとはなんといっても家庭での会話、話し方です。家庭ではつい単語だけで会話をしてしまいがちですが、親御さんもきちんと文章で話しかけて、きちんと文章で答えさせる習慣をつけるといいでしょう。子供の発言が終わらないうちに意図をくみ取って上げちゃうのもダメです。聞かれたことに答えるだけではなくて、自分の意見を付け加えさせるようにするのも適性検査対策としては効果的です。でも、あんまり親御さんが意識してそういうことばかりしていると、逆に子供は話すのが嫌になっちゃいますから、ほどほどに（笑）」

これらは適性検査対策に限らず、理想的な家庭の教育環境として、どんな教育者もほぼ口をそろえて言うことだ。適性検査はまさにそこを見るための試験なのだともいえるかもしれない。

いま、私立中学受験においては親の全面的なバックアップが必要、むしろ親の腕次第という雰囲気があるが、enaで勉強する場合、親がすべきことは何か？

「うーん、宿題をちゃんとやっているか確認するくらいでいいんじゃないでしょうか。公立中高一貫校を目指すなら、子供の主体性を摘むようなことをしてはいけません。私立中学受験ではよく『親が9割』などといいますが、公立中高一貫校対策ではその逆だと私は思います。親が前面に出るのではなく、むしろ親が一歩引いて見守るくらいのスタンスがちょうどいい。子供が主体的に取り組む環境を整えてあげることを、親御さんたちにはお願いしたいです」

第3章

塾業界vs.公立中高一貫校の攻防

◆ｅｎａが公立中高一貫校に舵を切ったわけ

公立中高一貫校の適性検査は当初、「塾では対策不可能」という触れ込みだった。しかしそれが間違いだったことは、現在のｅｎａの実績を見れば明らかだ。

ではなぜｅｎａが他塾に先駆けて公立中高一貫校対策を確立できたのか。

１９７２年に国立市に創立された小さな塾「国立学院」がｅｎａの祖。創立者は現在の学究社（ｅｎａの母体）の取締役会長兼代表執行役社長・河端真一氏である。学生起業だった。１９７０年代といえば、経済成長に合わせて高校進学率が上昇し、塾が乱立した時期である。

河端氏は、塾長として勉強を教えることだけでなく、経営者としての手腕にも長けていた。１９７６年に「学究社」として法人化すると、１９８２年には通称「ＫＧ９」と呼ばれる大きな校舎を建てた。１９８５年には塾業界初となる株式上場を果たした。当時最年少の上場社長となった。

小規模な「町塾」しかなかった時代に、塾を１つの産業にしてしまった先駆けの１人が河端氏だといわれている。

1991年、大学・高校・中学受験の最難関をターゲットにした専門塾ブランド「ＥＮＡ」を立ち上げる。同じころ、日能研が八王子に進出した。時代的にはちょうどサピックスがＴＡＰから分裂した直後にあたる。塾同士による講師の引き抜き合戦も盛んだった。まさに中学受験塾の戦国時代である。

１９９６年には塾ブランドを「ｅｎａ」に統一するも、その後、経営的には非常に厳しい局面を迎える。２０００年代に入ってからは大手塾の勢いに押され、地元塾との競争にも疲弊し、活路を見出せずにいた。

都立中高一貫校の構想が発表されたのはちょうどそのころだった。立川国際、三鷹、武蔵と、国立の近くにもできる。これに機を見た河端氏の判断は速かった。都立中高一貫校対策に舵を切ると決める。都立中高一貫校の開校予定に合わせて、その通学圏に当たる沿線に、小規模の教室を一気に展開した。

経営的に追いつめられていたからこそ、誰よりも早く「新市場」に打って出る決断をしたのだ。もし当時、ｅｎａの経営が順調だったなら、いまごろ都立中高一貫校対策塾にはなっていなかったかもしれない。

◆トレーニングを積んだ受検生が有利

しかし公立中高一貫校対策のノウハウなんて誰も知らない。

「最初に白鷗のサンプル問題を入手したときには『なんじゃこりゃ?』でしたよ」

そう言って笑うのは、学究社専務の池田清一さん。池田さん自身、創立直後の国立学院で学んだ、河端社長の直接の教え子である。

「何をしたらいいのか、当時は見当もつきませんでしたが、とりあえず作文だけは徹底的に書ける子を育てようというところから始まりました。そこで、うちの塾が長年私立桐朋中学校・高等学校への対策を行っていたことが役立ちました。桐朋中学の国語の問題はもともと記述式です。桐朋対策として、記述を指導するノウハウは十分に蓄積していたのです」

enaの公立中高一貫校対策も、もとを正せば私立中学受験ノウハウの転用だったということだ。

「でもそれは作文だけに通用することで、理科や社会科の要素が含まれている横書きの適性検査の記述式問題になると、どうしていいか見当もつかなかった。東京都に先駆けてできていた全国の公立中高一貫校の過去問を見て研究しましたが、一部を除けばほとんど『なんでこんなに易しいんだ?』というレベルで、東京都だけレベルが違いました」

過去問を徹底的に研究し、なんとか1年半でオリジナルテキスト「パースペクティブ」シリーズを完成させた。

「『柔軟に考えないと解けません』などと言いながら、実際は45分間の中でかなりのスピードで解かないと合格できないので、熟考している時間なんてありません。問題を見てパッと解法が浮かぶように鍛えておく必要があります」

そこに塾としてのチャンスがあった。第2章で見た通りの、問題を見て瞬時に難易度と解法を見極め、パターンに準じたそつのない答案をつくりあげるための指導を確立した。私立中学受験指導の癖がついていない若い講師たちが、新しい指導法に素直に取り組んでくれた。

◆他塾の公立中高一貫校対策コース

公立中高一貫校対策コースを設置している塾はもちろんenaだけではない。

栄光ゼミナールは、東京・神奈川・千葉・埼玉・茨城・栃木・宮城・京都・滋賀と広域に公立中高一貫校対策コースを展開しており、2017年には全国の公立中高一貫校に546名もの合格者を出している。東京都だけでも300名。

基本は小5〜6の2年間のカリキュラム。教科ごとの申し込みも可能だが、週2回の通塾が公立中高一貫校対策コースの基本形。一般の中学受験塾でも広く使用されている栄光ゼミナール作成のテキスト「新演習」をベースに算数・国語の基礎学力を高めると同時に、栄光ゼミナールオリジナルの「公立中高一貫校対策問題集（文系・理系）」で理科分野・社会科分野を含めた適性検査の出題形式への対策を講じる。小6の2学期からは過去問に挑戦する演習講座が追加で開講され、基本週3回の通塾になる。親会社のZ会による通信添削講座の併用もすすめている。

市進学院はもともと千葉を拠点に発展した塾。東京、千葉、神奈川に公立中高一貫コースを展開しており、2017年には千葉県の公立中高一貫校3校に合計で87名の合格者を出している。こちらも基本は小5〜6の2年間のカリキュラム。小5は週2回で算数・国語・理科・社会の授業を行い、小6は週3回の通塾で算数・国語・理科・社会、さらに2学期以降は週末に学校別対策の授業を行う。

早稲田アカデミーの公立中高一貫校対策は、東京・神奈川・千葉で展開。2017年には東京で65名、神奈川で10名、埼玉で5名、千葉で22名の合格者。小6のみ対象で、通塾は週3回。算数・理科・社会・記述の授業を行うほか、2学期以降には週末を利用した難関公立中高一貫校対策特別講座が開催される。

都心では大原予備校という1校舎の塾が、区立九段の38名をはじめ、公立中高一貫校に合計89名の合格者を出して存在感を示している。

各塾がそれぞれに公立中高一貫校向けの模試を実施しているほか、２０１５年からは中学受験用模試専門会社である首都圏模試センターも公立中高一貫校対策模試を実施するようになった。２０１６年までは年１回の実施だったが、思いのほかニーズが多く、２０１7年には年3回に増えた。

その他の地方では、それぞれの地域の有力塾が、高校受験と並行して公立中高一貫校対策コースを設け、実績を出しているケースが多い。

◆通信添削で対策するという選択

通塾したくない、あるいは近くに公立中高一貫校対策をしてくれる塾がないという場合には、通信添削講座を利用するという選択もある。

通信教育大手のZ会は「専科5年生　公立中高一貫校　適性検査」「専科6年生　公立中高一貫校　適性検査」「専科6年生　公立中高一貫校　作文」の3コースを設定している。日々の自宅学習のほか、小5の適性検査コースでは月1回、小6の適性検査コースでは月2回、小6の作文コースでは月1回の添削指導が受けられる。

公立中高一貫校に特化した通信添削サービスもある。公立中高一貫校専門情報サイト「むぎっ子広場（http://www.mugihiro.com）」が提供している「むぎっ子通信添削」「むぎっ子通信添削Jr」「むぎっ子作文添削」だ。現在受講生のおよそ半分は首都圏以外の受検生だという。

「むぎっ子広場」は2006年に開設され、全国の公立中高一貫校に関する情報を発信している。現在は5人のベテラン塾講師によって運営されている。その中には実は、各塾で実施されている適性検査対策模試の作成者や、ベストセラーになった塾向け公立中高一貫校対策テキストの執筆者が含まれている。そしてその講師本人が、責任をもって添削をしてくれることが最大の特徴だ。

「むぎっ子通信添削」は、小6を対象にした横書きの適性検査対策のための通信講座。5～12月の8回添削を受けられる。「むぎっ子通信添削Jr」は、「むぎっ子通信添削」を小

5用にしたもので、7月、9月、11月、1月、3月の5回の添削が受けられる。いずれもむぎっ子広場の「ひろやん先生」こと岡田宏さんが作問などを担当する。

「むぎっ子作文添削」は、小5・小6を対象にした縦書きの適性検査対策。小6のコースは「標準」「発展」「完成」のレベル別になっている。各コースとも通常2～3カ月間で4回の添削を受ける設定だ。「めがね先生」こと小山勇司さんがすべての作文を添削する。

小6対象の自宅で受けられる「むぎっ子模試」は年4回の実施。適性検査の出題形式に慣れることができる。模試については「カッシー先生」こと花新発隆一さんが取り仕切る。

◆「教科書＋20％」の知識は欲しい

しかしそれだけで十分なのか。「いっとく先生」こと畠山一徳さんに聞いた。

「その答えは、公立中高一貫校にどれくらい本気で行きたいのかによって変わります。できる範囲で対策をして、ダメなら地元の中学校に行けばいいやと思っているのならば、むぎっ子広場の通信添削で問題形式に慣れておくだけで受けてみるのもいいでしょう。地頭の良い子であれば合格を勝ち取ることができます。毎年そういう児童が一定数います。しかし合格を強く望み少しでも確率を高めたいというのなら、適性検査対策だけでは不十分です。私立中学受験と同様の４教科型の勉強をして、基礎知識と基礎学力を強化しておいたほうがいい。具体的には地方の公立中高一貫校でも『小学校の教科書＋20％』の知識が必要です」

適性検査は予備知識がなくてもじっくり考えればわかる問題だといわれているが、実際には45分間という制限時間の中で解かなければならない。知識が多いほうが有利に決まっているというのだ。

畠山さんがいう「教科書＋20％」の知識および基礎学力を身に付けるためにあるのが「公立中高一貫校対策　学力テスト」だ（図11、図12）。文系30分、理系30分の２種類のテストを自宅で受ける。小５は４月から翌２月までの６回、小６は４月から12月までの５回。毎回の出題範囲が決められていて、テストで高得点を取ることを目指して自宅で学習すれば、「教科書＋20％」の知識が身に付くようにできている。

ちなみに、地方の公立中高一貫校の合格確率を高めるために必要なのが「教科書＋20％」の知識だとした場合、私立中高一貫校合格を目指すために必要な知識はどれくらいだといえるのか。畠山さんの個人的な見解としてはこうだ。

「中堅校なら教科書＋20％、上位校なら＋１００％、難関校なら＋２００％以上といった

【図11】公立中高一貫校対策 学力テスト（文系）

3 〔**自動車の生産《基本／知識と読み取り，説明》**〕

自動車の生産や組み立て工場について，次の問いに答えなさい。

(1) 日本の自動車生産について正しく述べたものを，次のア〜エの中から１つ選び，記号で答えなさい。

ア　流れ作業の１つのラインで，種類のちがう自動車はつくらない。

イ　部品をつなぎ合わせる溶接《ようせつ》や，車体に色をぬる塗装《とそう》は，ロボットではなく，専門《せんもん》の技術を持った人がおこなっていることが多い。

ウ　組み立て工場での仕事は交代制でおこなっているのではなく，勤務《きんむ》時間は午前９時から午後５時までが多い。

エ　自動車の部品のほとんどは，関連工場でつくられている。

(2) 右の図の●は，自動車の組み立て工場（以下，自動車工場）がある場所を示しています。この図を見て，自動車工場のある場所についてまちがって述べたものを，次のア〜エの中から１つ選び，記号で答えなさい。

ア　本州の日本海側には自動車工場はない。

イ　輸出などに便利な沿岸部《えんがんぶ》に自動車工場が集中している。

ウ　北海道と東北地方には，自動車工場はない。

エ　阪神《はんしん》工業地帯よりも京浜《けいひん》工業地帯のほうが自動車工場が多い。

図　自動車の組み立て工場の分布

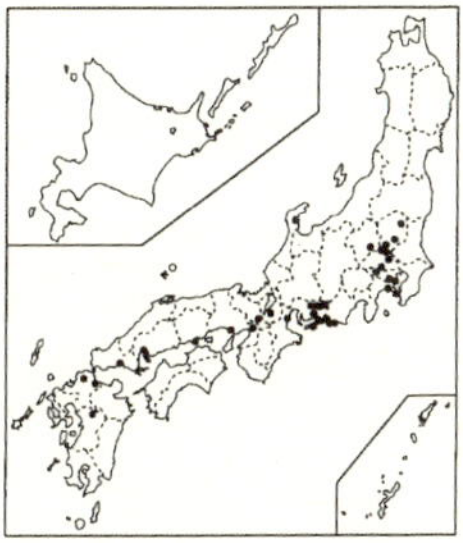

(3) 自動車の組み立て工場を建設するときに，特に考える必要のないことを，次のア〜エの中から１つ選び，記号で答えなさい。

ア　広い土地があること。　　イ　近くに港や高速道路があること。

ウ　働く人が多くいること。　　エ　空気や水がきれいであること。

(4) 最近の自動車づくりのくふうとして正しくないものを，次のア〜オの中から１つ選び，記号で答えなさい。

ア　乗る人だけでなく歩行者の安全を考えた自動車がくふうされている。

イ　同じ人間がすべての部品を組み立てるように，作業がくふうされている。

ウ　身体の不自由な人が運転しやすいように，設計がくふうされている。

エ　資源《しげん》を大切に使うため，部品がリサイクル（再利用）できるようにくふうしている。

オ　ガソリン以外のエネルギーで走る自動車がくふうされている。

【図12】公立中高一貫校対策 学力テスト（理系）

3　〔ものの燃え方と空気《発展／実験方法と説明》〕

図１のような装置《そうち》を使って気体を集めます。次の問いに答えなさい。

図１

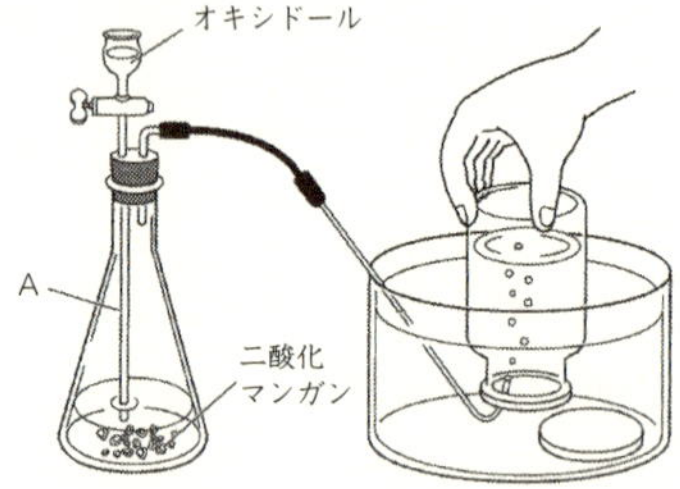

(1)　次の①～④が図２のようになるまでの手順になっているものを，あとのア～エの中から１つ選び，記号で答えなさい。

図２

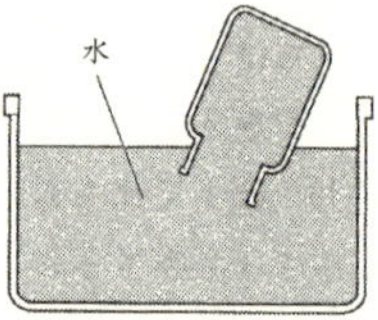

①　集気びんを逆さにして，集気びんの口を水中に入れる。
②　集気びんにガラス板のふたをする。
③　集気びんのガラス板のふたを取る。
④　集気びんにいっぱいの水を入れる。

ア　②→①→④→③　　イ　④→②→①→③
ウ　②→①→③→④　　エ　③→④→①→②

(2)　実験の方法としてまちがっているものを，次のア～エの中から１つ選び，記号で答えなさい。

ア　オキシドールはあわの出方を見ながら少しずつ入れる。
イ　気体が出始めたら，できるだけすばやく気体を集める。
ウ　集気びんに集まった気体が半分のときに，水そうから出してもよい。
エ　集気びんを水そうから出すときはガラス板でふたをする。

(3)　図１のAのガラス管をフラスコの底まで入れる理由を，次のア～オの中から１つ選び，記号で答えなさい。

ア　発生した気体が逆流するのを防ぐため。
イ　オキシドールを入れたときに，はねるのを防ぐため。
ウ　オキシドールが入りすぎないようにするため。
エ　少しずつ気体を発生させるため。
オ　特に理由はない。

ところでしょうか」

では、首都圏の公立中高一貫校はどうか。19ページに掲載した四谷大塚の偏差値表を参考にすると、東京都の公立中高一貫校は私立中高一貫校の上位校から難関校くらいに位置する。つまり本気で首都圏の公立中高一貫校対策をするならば、「教科書＋1000～200%」の知識が必要になる。

「首都圏の1都3県の公立中高一貫校の適性検査は全国的に見ても難解です。ある程度私立中学受験用の勉強をしておかないと太刀打ちできません。問題文の会話が長いだけで、結局は私立中学入試に頻出の特殊算の考え方が問われている場合がありますから。一方、地方は難易度は低いものの、形式としてはより露骨に私立的な問題を出す傾向があります。たとえば沖縄の適性検査は、私立中学入試問題そのものです」

いずれにしても、従来の私立中学受験用の4教科型の勉強はしておいたほうが有利だということだ。

◆親が過去問集を見ながら指導するのは危険

むぎっ子広場の各種添削講座の申し込みのチャンスは年1～2回。しかし定員が限られているため、あっという間に定員が埋まってしまうという。そこで現在インターネットによる映像授業「むぎっ子web講座」の配信を試験的に始めている。2018年にはサイトをリニューアルし、web講座も拡充する方針だ。

「公立中高一貫校対策では『教えすぎ』は禁物です。その意味で映像授業はちょうどいい」

教えすぎはよくないということだが、塾や通信添削を利用せず、公立中高一貫校対策をするのはやはり無謀なのか。

「過去問集を1冊買ってきて親が教えるというのは子供を壊す凶器になります」

ドキッとする台詞が飛び出した。

「たいていの親御さんは、過去問集に付いている解答例を見て、それと違うだけで×を付けてしまうんですね。適性検査は正解が1つとは限りません。過去問集に付いている解答例だって例でしかない。ましてや解答だけ見ても、解説がなければまったく意味がありません。過去問集を買うのなら、解説付きのものを複数種類買って、それぞれの解説や解答例を読み比べたうえで採点をしなければいけません。それができる親御さんがどれくらいいるでしょうか」

単純な知識を問う問題なら、親が採点してもいい。しかし適性検査のような記述式問題を素人が採点するのはほぼ不可能に近い。ゆえに適性検査対策こそプロの力を借りるべきだというのだ。

◆共同作成問題導入は出題ミスを減らすため!?

一言に適性検査といっても、地域や学校ごとに癖がある。

再びｅｎａの川崎薫さんと山口真さんに聞く。難解といわれる、東京都の適性検査を、学校別にプロの目で分析してもらおう。２０１５年以降共同作成問題も採用されているが、当然ここでは独自問題についての話となる。実際の問題は各校のホームページから閲覧できる。

まずは桜修館。なんといっても適性検査Ⅰである。課題文が極端に短く、何の変哲もない日常の写真が1枚だけ掲載されていて、「これについて論ぜよ」のような漠然とした問いが出される。

「しかしそれではやはり採点が難しいということで、最近では多少答案作成上の条件が加わるようになってきています。２０１７年の問題は、桜修館史上最大文字数だったと思い

ます」（川崎さん）

それでも他校の問題に比べるとだいぶ文字数が少ないのだが。

適性検査Ⅱの[1]は、逆に記述がない。

「なるべく多く問題に当たらせることによって差を付けようという意図があるのだと思います」（山口さん）

大泉は、適性検査Ⅲ以外はすべて共同作成問題。

「適性検査Ⅲでは図形の問題がいまのところ必ず出ています。しかもかなり難しいので、トレーニングが必要です。2017年の適性検査Ⅲの[1]は、一般的な私立中学受験の理科でおなじみの問題が出ました。そういう意味では逆に新鮮でした」（山口さん）

適性検査の問題をつくるのが非常に難易度の高い作業であることは想像にたやすい。それゆえ、いい問題をつくろうとする思いが空回りしてしまった「失敗」もよくあると2人は言う。

たとえば2017年の共同作成問題の適性検査Ⅱの[1]。太郎さんと花子さんが三角形のフロアマットを並べる会話文になっているが、「見かけ上の辺の数」などという不自然な表現が出てくる。

「要するに三角形のフロアマットが隣同士で重なっているとき、それぞれのフロアマットの辺を数えないで、まとめて1本と数えると定義をしたかったのだと思いますが、あまりに不自然です。算数の力や読解力と関係なく、混乱してしまった受検生もいたはずです」（川崎さん）

せっかく日常生活に結びつけるために会話文形式を採用しているのに、その中に日常生活では使わないような言い回しが出てきたら、会話文にしている意味がない。

「何度も確認しているはずですが、最終段階に近いタイミングで、問題文が別の意味に取られてしまう可能性があることに気がついて、言葉を無理矢理補足したのかもしれません」（山口さん）

2012年には小石川で出題ミスがあり、しかも進学塾からの指摘があるまで発覚が遅れ、大量の追加合格者を出すという混乱があった。そのほか都立高校の入試でも出題ミスが相次いだため、東京都教育委員会はこのところ入試問題の作問についてナーバスになっている。そういった事情が、共同作成問題の導入にも、条件を付けて答案の幅を狭めた問題の増加にも、つながっている。

◆私立中学受験のような問題はやめてほしい

小石川の適性検査Ⅱの[2]は社会科系の資料を読み取る問題。

「まるで統計学の数値操作のようで、小学生向けとは思えない」（川崎さん）

「そのうえで、150字以内というような長めの記述が最後にあります」（山口さん）

適性検査Ⅲは大問2題で構成されており、[1]が理科系、[2]が算数系。

「2017年の理科の問題は、知識だけで答えようとすると間違える危険性がある、巧妙な問題でした。算数の問題は例年、図形や規則性が多い印象があります」（山口さん）

この[1]の問題こそ、適性検査らしい良問だといえる。

立川国際は適性検査Ⅰが独自問題だ。

「適性検査Ⅱはすべて共通問題だし、適性検査Ⅰに関しても、素直な記述問題なので、取り組みやすい」（川崎さん）

白鷗は2018年度から適性検査Ⅲを導入することを発表した。適性検査Ⅰもいままで通り独自問題だ。

富士は2015年度から30分の適性検査Ⅲを導入した。それ以外は共同作成問題。

「見た目は算数ですが、計算がほとんど必要ないような、条件整理、調べ上げの問題が出るのが特徴です。２０１６年には計算要素が含まれていましたが、２０１７年にはまた元に戻りました。でも２０１７年の問題は明らかに簡単すぎましたね」（川崎さん）
「題材は面白かったんですけどね……」（山口さん）
三鷹は適性検査Ⅰと適性検査Ⅱの①が独自問題だ。
「三鷹は結構普通の問題を出します」（川崎さん）
「２０１７年にはいわゆる『差集め算』が出ています」（山口さん）
「我々としてはあんまりこういうのはやってほしくはないのですが……」（川崎さん）
通常の中学受験で見られる特殊算のようなものが増えると、結局私立中学受験と同じような対策を増やさなければいけなくなり、ｅｎａとしては授業内容を差別化しにくい。
南多摩は適性検査Ⅰの最終問題で原稿用紙１枚分を超える長い記述問題が出されるのが特徴だ。
武蔵の適性検査Ⅱの②は社会科系の資料を読み取る問題。
「２０１７年の適性検査Ⅱの②では、資料ではなく、会話文の中に答えが見つかる問題もありました。２０１６年には理科的な要素も含まれていました。適性検査Ⅲでは何かしら立体図形がからんだ問題が出されます」（山口さん）

「武蔵の適性検査Ⅲは難しいと思いますよ」（川崎さん）

両国は適性検査Ⅰと適性検査Ⅲが独自問題だ。

「適性検査Ⅲは理科と算数の両方から出るとされていますが、どちらかというと算数色が強い」（山口さん）

「適性検査Ⅰは問題数が多く、私立中学入試に比較的近い。もうちょっと都立らしくいっていただきたい」（川崎さん）

千代田区立の九段の適性検査は都立10校とは違い、「適性検査1」「適性検査2」「適性検査3」のいずれも完全に独自問題。全体的に問題数が多いのが特徴だ。

「適性検査2と適性検査3の違いはほとんどない。90分のテストを2つに分けただけという印象。突飛な問題は少なく、ちゃんと準備してきた子供たちが実力を発揮しやすい。かつては国語の聞き取りの問題が出題されていましたが最近はありません。今年の入試直前に、校内の放送のチェックテストをしたという情報があり、リスニングが復活するんじゃないかと噂されましたが出ませんでした（笑）」（山口さん）

東京都以外の地域の適性検査問題の傾向についてはどうか。

「全体的な傾向で言えば、東京よりも地方のほうが普通の私立中高一貫校のような問題を出す傾向があります。やっぱり正確に学力を見たいんでしょう。東京都も本音では、学力試験をしたいはず。でもなんとか私立型の入試にはならないようにと踏みとどまっているのがわかります」（川崎さん）

私立中高一貫校の入試問題のように露骨に学力を試すわけにはいかない。そうはいっても学力の高い生徒を取りたい。適性検査はそのジレンマの結晶でもある。

適性検査の問題は、一般的には知識量ではなく本当の思考力を試す良問といわれ高い評価を受けているが、塾業界のプロの目から見るとまだまだ突っ込みどころも多いようだ。ただし、塾講師たちは対策しやすい問題を期待しているのではない。むしろその逆だ。

塾業界からの厳しい目にもさらされながら、適性検査は時間をかけて洗練されていくのだろう。公立中高一貫校が塾業界の想定を上回る良問を出せば、塾業界もそれを解ける生徒を育てようとする。水と油のように思われがちな塾と学校だが、実はそんなふうに切磋琢磨する関係でもあるのだ。

第4章

公立中高一貫校生による本音座談会

〈**参加者**〉
小峰さん　小石川中等教育学校4年生、男性
白鳥さん　白鷗高等学校1年生、男性
武田さん　武蔵高等学校1年生、女性
立野さん　立川国際中等教育学校4年生、女性
※名前はすべて仮名。中等教育学校4年は高等学校1年生に相当。彼らが受検した4年前と現在とでは状況が変わっている部分もあることに留意する必要がある

◆私立受験生よりも「いい勉強」をしている自負

おおた　今日はｅｎａで公立中高一貫校受検対策をして見事合格して、現在高校1年生になっているみなさんに集まってもらいました。聞きたいことは主に2つ。ｅｎａのこと、そして現在通っている学校のことです。まずそもそもどうしてｅｎａに入ることになったのか、きっかけから伺いたいんですけど。

立野　まず4年生のときに中学受験をすることを決めて、家から近いところに立川国際と

いう学校があることを知りました。帰国生ではありませんが、２歳くらいから英語を習っていたので、それをもっと伸ばしたいという思いもあり。学園祭で先輩たちがすごくフレンドリーで、英語で話してる先輩もいて、かっこいいなと思いました。それで都立に強いのがenaだと聞いて、近くにenaがあったので、そこに通うことになりました。

おおた　立川国際以外の文化祭にも行ったの？

立野　南多摩、三鷹とかも見に行ったんですけど、やっぱり雰囲気がいちばんいいなって感じたのが立川国際でした。

おおた　そこはもう公立に絞って見に行っていた？

立野　そうですね。

おおた　わりと早い段階から公立狙いだった。実際入試の本番のとき、立川国際を受けると他の公立校は受けられないじゃないですか。私立は併願しました？

立野　はい、しました。共立女子第二です。そこが適性検査の受験をしていたので、試しに受けてみました。結果はすごく良くて、結構いい特待生になれて、そちらへ行っても３年間ぐらいは授業料が免除されるはずでした。

おおた　enaに通い始めたのはいつから？

立野　新小5っていうのが小4の2月から始まるんですけど、そこからですね。

おおた　enaのカリキュラムの中ではいちばんスタンダードな形ですね。武田さんは?

武田　私は長いこと続けていた習い事を高校受験でやめなくちゃいけなくなったりするのが嫌で、中高一貫校に行きたいなと考えました。でも私立はちょっと高いし……。そうしたら都立で中高一貫ていうのがあるらしいと聞いて。習い事の先輩にも武蔵に通っている人がいて、そこからちょっと話を聞いて。小4あたりから受検を考えて、小5の5月にenaに入りました。学校にenaに通っている友達がすでにいっぱいいたので。

おおた　地域的に武蔵から近いんですね。

武田　いちばん近いし、いいらしいし、いいんじゃない? みたいな。それに、そんなに絶対地域の公立中学に行きたくないみたいな気持ちがあったわけじゃないので、どうせならいちばん難しいところに挑戦しようみたいな。直前まで模試はD判定だったんですけど(笑)。

おおた　もうちょっと簡単そうなところに変えようかな、って一瞬心が揺らぐこともあった?

武田　まあそうですね。理系が苦手で。

おおた　公立一貫校の中でも、学校ごとに難易度の違いというのは感じるものだったの？

武田　そうですね。私は理系が苦手だったので、適性検査Ⅲがない学校の模試だと良くて、あるとダメっていう。

おおた　適性検査Ⅲがあるかないかが一つの分かれ目になるんだ⁉

立野　立川国際では適性検査Ⅲはなかったんですけど、武蔵とか小石川とか、適性検査Ⅲのある学校を受けると聞くと、「あ、この子頭いいんだ」みたいな感じがありましたね。

武田　三鷹、大泉、武蔵、どこもわりと近かったんですけど、三鷹と大泉はいけそうだけど、武蔵はちょっと難しいかもねという感じだったんです。だからといって武蔵を諦めるのはどうなのって親にも言われて。

おおた　一方で大泉、三鷹に比べて武蔵は難易度が上だよねとなったとき、学校としても入った後受けられる教育って何か違うの？　公立一貫校で同じようにいい教育をしているのであれば、難易度低いほうが得じゃんて考え方もあるじゃない？　そこであえて武蔵を選ぶ理由ってあるのかな。

武田　理系教育が充実してるのかなと思うことは多々あって。実際入ってみてわかったことですが、生物の実験なんか、かなり珍しいことができます。

おおた　白鳥くんは？

白鳥　そもそも中学受験をすることに決めたのは、地元の公立中学校が荒れていたからです。小4の冬から早稲田アカデミーに通って普通に私立コースを1年やってたんですけど、難易度が自分に合ってなくて。都立中受検に切り替えることにしました。新小6になるときに家の近くにちょうどenaができたので転塾しました。

おおた　じゃあ実際enaにいたのは1年くらいだ。早稲アカで最初私立を考えていて、enaに行くっていうことはその時点で公立に絞るってことじゃないですか。私立はいくらでも受けられるからどっか受かるだろうっていうのがあるけれど、都立にした瞬間1校しか受けられないから、一か八かになるじゃない？　それって怖くなかった？

白鳥　もともと志望校もそんな決まっていなかったので、そんなに気にしなかったですね。

おおた　とはいえ都立って受かる人のほうが圧倒的に少ないから、もしダメなら荒れてる地元の公立中学に行こうと思った？

白鳥　それはしょうがないかなって。

おおた　白鷗を選んだ理由は？

白鳥　家から近いことと、文化祭行って雰囲気が良かったことですね。他の学校は行ってないですけど（笑）。

おおた　白鷗だけ見て、雰囲気として悪くないなと。他もいいかもしれないけど、これで問題ないよね、みたいな感じかな。では小峰さんお願いします。

小峰　ｅｎａに入ったのは、小6の9月です。

おおた　遅いね！　4カ月しかｅｎａで過ごしてない。夏休み終わってからｅｎａに入ったってことだね。

小峰　それまで別の大手進学塾の都立中対策コースに通っていたのですが、夏休みの宿題が達成できなくて、担当の先生とすごい喧嘩をして、8月の終わりにやめて、近くにあるからｅｎａでいいやってなって。

おおた　すごいね、小6で塾の先生と堂々と喧嘩して、「こんなとこ二度と来るか！」って。

小峰　というか、ほぼ一方的に怒鳴られたというか。

おおた　じゃ、わりと心折られた感じ？

小峰　親に言ったら「じゃあ行かなくていいよ」と。

おおた　そこまで激しかったんだ、それは傷ついたね。もう大丈夫？

小峰　はい（笑）。

おおた　前の塾でも公立一貫コースだったんだね。そこに通い始めたのは？

小峰　小5の冬の終わりぐらいです。

おおた　そもそも入試の1年前ぐらいから塾に通い始めたと。一般的な中学受験と比べるとかなり遅いスタート。何か理由があったのかな。

小峰　そのころに小学校が荒れ始めて……。

おおた　きっと「このままこいつらといっしょに地元の中学校に行ったら、ちょっとどうなっちゃうか不安だな」みたいな話をご両親ともされて、「あと1年くらいしかないけど、中学受験してみる？」って感じになったんだね。それ、業界的には「駆け込み受験」っていうんだけど。なぜ小石川を受けたのかな。

小峰　まず両親が私立は嫌だと。そんなに勉強してほしくない、知識を詰め込んでほしくないから、都立がいいと。はじめは白鷗を考えていました。日本文化みたいなことに興味があったので。

白鳥　白鷗は日本文化を大事にしています。

小峰　でも小6の12月に母親から「小石川ってところが理系に強いからどう？」って言わ

れて、そこでもいいかと思いました。

おおた　小石川でいいかって言っても、さっきのみなさんの話だと、小石川のほうが難しいんだよね？　日本文化から理系に話が飛んだんだけど、それはどうして？

小峰　母親が「あなたは算数ができる」って勝手に決めつけて、学校の担任の先生とそういう話で盛り上がって。じゃあ小石川でいいじゃない、みたいな話の流れをつくっちゃったので。

おおた　でも直前だったんじゃない？　それってみなさんから見てリスクじゃないの？

立野　相当怖いことだと思います。

小峰　実際は算数が全然できなくて。ずっと本を読むほうが好きで、本当に。だから何を言ってるんだろうなと思いながら、でも言われたから。

おおた　レールに乗せられた感じだな（笑）。

小峰　でも、小石川は少人数だし、高校から入学者がいないのでいいかなって。

おおた　そうやってみなさん、いろいろな経緯があってｅｎａに通うことになりました。中学受験といったときに、みなさんのまわりにもたとえばサピックスや日能研に通っている友達もいたと思います。小峰くんの親御さんの「私立は嫌。詰め込み式の勉強はしてほしくないから都立中」という考えには、「都立中対策は詰め込みじゃない」という意味合いも含まれていたと思うんだけど、みなさんがｅｎａでやっている勉強が一般的な中学受験の勉強とは違うんだという意識は、当事者として当時からもっていたんですか？

一同　ありました。

おおた　普通の中学受験とは違うことを私たちはやってるんだぞという自覚があったとして、その違いって具体的にはどういうことですか？

武田　私立の勉強って知識を詰め込んだり、算数でいうと公式を詰め込んだりして使うものが多いんですけど、基本ｅｎａの先生からは、都立ではまだ小学生の時点で習ってない公式を使っちゃダメと教えられてて。そういう面では自分がもっている知識をフルに活用してどれだけ頭を絞って戦えるかだと思ったので、たぶん将来に活かせるだろうなっていう実感はありました。

立野　小学校で私立を受ける子が多くて、その人たちは結構みんな何でも知ってたりするので、その部分は悔しかったりしましたけど。

武田　私立を受ける友達がものすごい時間勉強してる中で、実は私は夏期講習を半分しか行ってなくて。夏に習い事のコンクールに向けて忙しくて。そんなに１日中勉強していたわけではありません。そもそも都立中対策の問題は単に量をこなせばできるような感じではないですから。

おおた　たしかに私立って、いちばん難しいところはちょっと違うんだけど、ある程度のところまでは言われたことを確実にこなして、しかも量をこなせば、やったらやった分だけ合格する確率は上がってくんだけれども、都立の場合はそういうもんでもないと。

武田　志望校の傾向がある程度あるので過去問はちょっとやったんですけど。傾向をつかんで、慣れればいけるかなみたいな。

おおた　いや、でも大半は落ちるんだよ。

武田　その学校の問題に柔軟に対応できるかが重要です。

おおた　逆に言うと、私立の場合はあんまりもともとできなくても、努力さえすればある程度のところまでいける。でも都立はそうでもないっていう残酷さはある？

武田　そういう面はある気がします。塾行ってなくて、普通に入ってくる子も割といます。問題をパッと見て考えられる子はできるんだと思います。

おおた　ぽかんとして勉強できなさそうな子でも、ガーッと頑張れば私立の場合は可能性が出てくるんだけど、公立中高一貫校の適性検査はもともと地頭のいい子を拾おうとしている検査でもあるからね。白鳥さんは私立中学受験塾も経験しているけれど、どのへんが違った？

白鳥　私立の問題は知らないことをどんどん学んで、それを使って問題を解いていくことの繰り返しなんですけど、僕はまずどんどん覚えるのが嫌いで……。算数とかも、「こんなの学んでどうするんだ？」っていうのがあって。都立の問題は小学校で習ったことの応用というか、総合的に使って解くみたいな感じです。たとえば「スカイツリーの影があって、それが何時にどこを通るか」みたいな問題が白鷗で出たんですけど。

おおた　どういうふうに太陽が動くのかって理科的な原理と、三角形がどうできるかという算数的な理屈がわかれば解けるものなんだけど、それが実生活の中の設定で置かれることによって、白鳥さんにとってはすごく現実味を帯びるわけだね。

白鳥　早稲アカは宿題も多くて、ひたすら勉強みたいな感じだったんですけど。ｅｎａはフレンドリーというか、休み時間とかもみんなで仲良く過ごしたり、そういうのも楽しくて。

おおた　塾の雰囲気、空気が違った。授業の1回の密度も違うんじゃない？　早稲アカみたいな難関私立狙いの進学塾の場合はガシガシと、数分で問題を解いて次々答え合わせって繰り返しだけど、ｅｎａの授業では1つの問題にすごく時間をかけて、いろいろ脱線しながらやってるよね。普通の中学受験塾だと「これはこの公式一発で解けるよね、わかったよね？」って言って、わかってない人が２、３人いても「次行くよ」みたいな感じだよね。

白鳥　解いて、答え合わせして、解いて、答え合わせして……。

おおた　最低限の解説しかしない。それに比べてｅｎａは、「その解答とは関係ないんだけど、このことって覚えてる？」みたいなことを結構やるイメージだったんだけど、間違ってないかな。

小峰　そうですね。別に知識は覚えなくても、「ああこれ資料見たら解けるじゃん」ていう問題が都立らしい。

おおた　みなさん、私立に比べれば知識はそんなに要らないという話だけど、そうはいっても知識もある程度は必要なの？

武田　資料が読めれば……。普通に小学校でやっていた、割合の計算とかができて、資料が読めれば大丈夫。

おおた　漢字は書けなければダメ？

立野　作文のときに漢字はある程度見られるので、普段使う漢字は書けるようにしておかないと。

おおた　私立中学受験の場合、星の名前だとか草花の名前だとか、普段見たこともないようなカタカナの羅列の固有名詞を覚えなきゃいけないのが、脈絡なくて嫌ですよね。都立の問題にはそういうのがないじゃない。たとえば歴史の年号覚えなきゃいけないっていうのもたぶんないし、地理の川と平野をいちいち対応させなきゃいけないっていうのもないし。たとえば十勝平野の十勝川とか、私立中学受験生には常識なんだけど、そういうのがなくても解ける？

立野　解けます。

白鳥　全部小学校の知識なので。それ以上のことは出てこないので大丈夫。

おおた　原理原則を理解していれば、個別の知識を点として聞かれることはないぞと。そういう理解でいいかな。そういう意味では「より本質的なことを自分たちはやってるよね」って意識はあったのかな？　逆に言うと、みなさん言いづらいと思うんだけど、私立の勉強してる子たち見て「何、意味ないことやってるの？」みたいに感じるところって、正直あった？

一同　はい。

おおた　ああ、みんなそうか。私立を併願受験をしたのは立野さんだけ？

武田　練習みたいな感じで、宝仙理数インターの適性検査型の入試を受けました。特待生で合格しました。

白鳥　僕は白鷗一本で、私立は受けませんでした。

小峰　僕も私立は受けてないです。

おおた　武田さんはもし武蔵がダメで宝仙だけ受かってたらどうした？

武田　行かなかった。

おおた　立野さんは共立第二しか受からなかったら？

立野　行ってました。正直、ちょっとゴルフやるんですけど、共立女子大にゴルフ部があって。そこに入りたいなってちょっと思いました。学校もキレイだし、ゴルフ部もあるしっていうので、一瞬迷いましたけど。瞬殺で親に「いや立川国際でしょ」って言われて（笑）。

おおた　勉強していても、ただ辛いんじゃなくて、語弊はあるかもしれないけど、私立中学受験に比べたら「楽」って感じはあった？

一同　はい。

おおた　同じ中学受験をするのでも、公立受ける組と私立受ける組で何か雰囲気に違いはありました？

武田　本当にガチな私立中学受験の人は、受験直前には学校を休んで塾に通ってました。「学校、休むんだ……」と思って見てました。

おおた　都立の場合って、適性検査だけじゃなくて、小学校の成績も問われるんでしょう？学校の成績を上げるための工夫って何かされました？

小峰　いや、特には。最初から良かったというか……。

白鳥　自慢じゃないですけどAしか取ったことなくて、ずっとオールAだったんで、成績面では。

おおた　すごいね。その状態で早稲アカ行って通用しなかったんじゃ、ショックだったでしょう。

白鳥　なんか思ってたのと違うなと思いました（笑）。

武田　あんま覚えてないんですけど、私も3段階評価でほとんど3。

立野　5教科では必ずいちばん上を取るようにしてたんですけど、他の図工とか実技になるとガクッと。

おおた　enaからも学校の成績ちゃんと取らなきゃダメだよって言われるの？

武田　言われました。

白鳥　僕は言われてないと思います。

◆公立中高一貫校各校の自慢と不満

おおた　実際入ってみて、小学校のクラスメイトと都立中の友達の違いってある？　当然年代は違うんだけど、集団として、集まってる人たちの性質的な違い、傾向の違いを感じることはある？

立野　ありますね。学校柄とかもあると思うんですけど、うちは帰国生がすごく多いので（笑）。小学校の女子は正直すごくねちっこくて面倒くさい。私は結構サバサバしてるのでそういう女子が嫌いだったんですけど、今はまわりがみんなサラッとしてる人たちなので居心地いいです。

おおた　帰国生の存在がそういう文化をつくってる感じがする？

立野　そうですね。アメリカから来た人とかはすごくサバサバしてて、最初信じられなかったのが、他人のコンプレックスとかをズバッと言うんですね。

おおた　サバサバしてるのとは微妙に違うけどね（笑）。

立野　隠してることを言い当てられたり、普通の女の子じゃ言わないだろうなってことをズバッと言ったりする子が多くて。そこには最初衝撃を受けました。でもいまはみんなもう慣れて、みんながズケズケ言う。

おおた　立野さんが小学校の同窓会に行ったら「サバサバさが増したよね」って言われそうだね。

立野　たぶん言われちゃうと思います（笑）。

武田　武蔵はリーダーを育てようみたいな感じの学校なので、みんなすごいリーダー気質みたいな生徒が集まっているのかなと思ってたんですけど、実際ふたを開けてみたら思ってたのとはちょっと違いました。たしかに地元の中学校に進んだ人たちと比べたらみんなのポテンシャルは高いけど、すごいいろんな人がいる。もちろんリーダー気質ですって人もいれば、ずっと授業中もコソコソ工作してる人もいるし（笑）。

立野　みんな対人スキルが高いなっていうのは感じます。普通に、外の人と喋れる。

おおた　いま立野さんが「対人スキルが高い」と言ったときにみなさんうなずきましたよね。

白鳥　小学校6年間はちょっと荒れてる感じの中で過ごしてきて、そっからの白鷗だったので、違いはもう目に見えてわかって。みんないい人ばっかりで、行動に常識がある。保護者会でもいい感じの人が多いと、親も言ってました。

小峰　小石川では、みんな表向きは仲良さそうなんですけど、裏はグチャグチャ悪口を言い合っているみたいな雰囲気で、お互いに疑心暗鬼になっています。だからあんまり本音で話し合える男同士の友情とかはない。結構ドロドロしていて、いい人間関係じゃないです。

おおた　小石川が？　意外と裏表があってドロドロしてるの？　衝撃なんだけど⁉

小峰　特に女子はひどいみたいです。

おおた　それ聞いてみなさん、どう思う？

白鳥　びっくり。イメージと違う。

立野　女子でも男子でも喧嘩はあるんですよ。でも1対1で喧嘩してるんで、そんなドロドロした感じではないかなって思います。

武田　たしかに女子は、男子もそうか……。みんなポテンシャル高いとかはあっても、やっぱり普通の学校なんだなっていうか。みんなが平和で、みんながうまくやっててってわけではなく、普通に主張の強い子とそうじゃない子がいっしょに行事をやったら揉めるし。

そんな特別なところじゃないんだなって。

おおた　でも今、小峰くんの話では、結構大人の世界みたいな裏表があるって……。

武田　うちでも、たまにあります、たまにあります。

おおた　えー、あるの⁉　小石川と武蔵は難易度的にツートップなわけじゃない？　それと関係あるの？　立川国際はサバサバしてて裏表がむしろつくれない人たちが集まるわけじゃない？　白鷗は？

白鳥　裏表なくはないですけど。でもそんなドロドロした感じじゃなくて、普通な感じで大丈夫です。

おおた　1人の意見で小石川がどうとか、そんなこと決めつけるつもりは全然ないんだけど、小峰さんからはそう見えるんだね。中2や中3ぐらいでそういう時期も経て、また仲良くしてくんだとは思うけど。

小峰　学年が上がるにつれて学力の差がすごい開いてきた気もします。いわゆる普通の勉強が苦手な子もいますね。

おおた　塾に通わなくても入っちゃうような、地頭のもともといい、たぶん私立受けてもそこそこのところへ楽して入れちゃうような子がいる一方で、そんなに地頭良くない子も入ってきてるってことなのかな？

小峰　たぶん1回過去問解けば、都立の問題は資料と数値が変わるだけなので、記述の得意な子は入れちゃうんですけど、記憶力とか理解力が足りない子は入学後、数学とか英語とかでどん詰まっていく。普通の公立中学校の中でも下の下になっちゃうんじゃないかなって子がたまにいます。

おおた　他の学校にもいる？

立野　たしかに学力差はありますけど、地元の中学校でも下の下だなって思うほどの子はいないです。

白鳥　下の子はもちろんいるんですけど、下の子のレベルも一応高いですよ。

おおた　公立一貫校を受けるときには、単純な暗記とか計算問題を私立ほどはやらなくていいと。とはいえだんだん大学受験を意識してくると、英単語や古文単語を覚えなきゃいけません、数学にしたって計算問題をたくさん数こなさなきゃいけません、図形問題にしてもいろんな定理を覚えなきゃいけません、化学式覚えなきゃいけません、みたいなことが当然出てくるわけじゃない？　結局は入学後に、ｅｎａの授業や適性検査のときにはあんまり酷使しなかった頭の使い方をしなきゃいけなくなるってことだよね。実際、中学校以降の勉強ってちょっとenaでやってたことと違うみたいな感覚ってもった?

立野　暗記とかは、今まで受検のときにはやってこなかったことなので、初めて直面する壁というか、暗記は嫌いだなと思ったことはありました。

おおた　たぶんそうだよね。あの適性検査問題を面白いと思える子っていうのは、たぶん単純な暗記問題とか、単純な計算の繰り返しとかって、好まないんじゃないかな。逆にそういうのが好きな子もいるんだよね、決められたことをカツカツやるほうが得意ですっていう。「あなたどう思いますか」って言われても300字にまとめられないみたいな子もいる。だけどたぶんみなさんの場合は、そこを柔軟に、単純作業を何度も繰り返すよりも、もうちょっと芳醇な、視野の広い問題に取り組むほうが面白く解けるタイプなんだろうと思うんだけど。中学校以降の勉強ってそれだけではすまないところがある。

小峰　でも小学校と違って学んでるメンバーが面白いというか、先生も面白くて。暗記は普通にあるんですけど、やっててそんな苦ではないかな。

白鳥　たしかに暗記は結構ありますけど、でも、覚えやすいというか。「漢字を千個覚えよ」とかじゃなくて、たとえば英単語なら「文で全部覚えましょう」とか、数学なら「もうちょっと応用的なことまでやっちゃおう」みたいな感じなので、楽しめます。

おおた　それは学校の先生がうまいのかな。

白鳥　そうですね。

武田　たぶん私は暗記系が苦手です。小学生のときに私立中学受験の勉強をしてた人っていうのは、いま中学生が地理で習うようなことをすでに一度覚えていて、そういうところは有利でいいなって後になって思ったりしたんですけど。でも教科によって、先生によってだと思うんですけど、たとえば今、生物の先生は、「覚えてもどうせ忘れるから、暗記は高3になってからでいい。今はとりあえず」って、enaみたいな授業をしてくれます。その先生に影響されて、最近いろんな先生が「ここは意見を交換する時間にしようか」とかやりだしてます。そういう授業のほうが私は好きです。

おおた　僕のことを「うちの子どこに入れようかな」って考えているお父さんだと思って、「うちの学校はこういう学校です！」というプレゼンテーションを1～2分でしてほしいんですけど。

小峰　小石川は少人数なので、学年としての繋がりみたいなのがそれなりに高い、深い学校です。理科は1年のころは実験が7割。理数系はとても強いです。英語に関しても、オーストラリアに3年生のときに全員強制で2週間行きます。それは語学を学ぶ、異文化交流を学ぶためなんですけど。4年生のときにも選抜された10人だけまたオーストラリアに行って、2週間、英語で微分を学ぶとか、特別なプログラムを受けることができます。5年生のときは修学旅行がシンガポールで、行きたい人は香港へ語学研修に行くこともできます。2年生の修学旅行も、国内語学研修といって2泊3日毎日英語の授業を受け続けるというのがある。みんなで英検取ろうみたいな、英語も頑張ってる学校です。

おおた　理数系も英語もバランスがいいですよと。

白鳥　白鷗は日本の伝統を大事にしてる学校で、中学校の音楽の授業で全員三味線を習います。百人一首大会というのもあって、みんなで百人一首を覚えて勝ち負けを競います。部活も文化部が強い。百人一首部は全国大会で優勝してますし、吹奏楽部もコンクールで上位入賞を果たしています。勉強では英語と数学と国語が進度別クラスです。高校ではオンライン英会話といって、スカイプを使ってフィリピン人と1対1で英会話する授業があります。

おおた　それが時間割の中に組み込まれているんですね。同じことしてる学校ある?

小峰　フィリピン人と会話ですか?　全員はしないです。そういうコースもありますけど。

武田　武蔵はないです。

立野　コミュニケーション英語であります。スカイプでフィリピンの方と話す、たぶん同じやつかなと思います。

武田　武蔵は、テキトーにやろうと思えばどこまでもテキトーにできて、やる気と自主性があればいろんなことができる学校だと思います。中学生のときには「地球学」というのがあります。中学1～2年生でいろんな体験をして、3年生になったら自分でテーマを決めて1年間研究をして、論文みたいなものを書きます。私の友達にアレルギーについて研究した人がいて、うまく言えないですけど、本当にすごい論文でした。

おおた　これを自分と同い年の人が書いたんだ、みたいな？

武田　そうは思えないような。自分で深めようと思えば、学びを深められる。

おおた　それは中3の集大成として出すんだね。

武田　はい。そういう機会がたくさんあります。英語については、高1と高2の間に全員で、オーストラリアに1週間語学研修に行きます。他にもアメリカ留学とか、ボルネオ島に行って現地の人と交流して現地の学校に行ってみようとか、いろいろプランが提示されてはいるので、やる気のある人は参加できます。

おおた　そこは希望者のみなんだ。でも希望者はだいたい定員オーバーして抽選になるの？

武田　はい、選考があります。

おおた　小石川は理数系強いよねっていうのは、一貫校になる前からそういう学校だった。白鷗はもともと女子校で、土地柄的にも日本文化を重んじる伝統が残っていた。武蔵にこれという特徴はある？

武田　理系教育ですかね。中学生のときブタの臓器の解剖をしました。これも希望制だったんですけど、10人に1頭分の内臓が与えられて、最終的に全部切り離して消化管一本にしました。

おおた　内臓だけが繋がった状態でゴソッと来るの？

武田　そうです。舌から直腸までと、心臓とかが付いてるほうと、ドサッと。苦手な人は苦手だと思うんですけど（笑）。生物の実験はいろいろと充実してる感じがします。あとはもともと理系ができる人が多いので、数学オリンピックの日本代表もいます。みんながみんなってわけじゃないですけど、すごい人がいるから良い影響を受けます。

立野　立川国際はやっぱり名前にもあるとおり国際というのが特徴ですけど、それはいったん置いておいて、生活についてちょっと話したいと思います。帰国生の影響がすごく大きくて、さっきもお話ししたとおり自主性っていうんですかね、みんなけっこう自分の意見をはっきり言います。リーダーシップを発揮するチャンスもどこかしらでだいたい1人1回は回ってきます。ちょっと残念なところとしては、帰国生の人たちの学力が総じて低いことです。そっちに引っ張られてしまうと、ずるずると中だるみしやすくなるリスクは感じます。それでもやっぱり、すごく楽しい学校です。英語以外の授業に関しては、特に特徴はないかな。英語は、まず1年生として入ったときからもう、γ《ガンマ》、β《ベータ》、α《アルファ》っていうふうになっていて。γが帰国生オンリーというレベルの高いクラスになっていて、はじめから分かれているので、一般の生徒からすると「もうちょっと帰国生といっしょに勉強できるんだと思っていたのにな」っていうのがあります。

おおた　それは英語の時間だけだよね。

立野　そうです。英語の授業に関してはもうちょっと帰国生とお話しできるチャンスがあればなって思います。

おおた　帰国生じゃない子で、立野さんみたいに小さいころから英語やってて、ネイティブと同等レベルにコミュニケーション能力があったとしても、下のクラスになっちゃうの？

立野　先生に強くお願いすれば、上がることはできます。ただやっぱりネイティブの人と同じように話せたりというスキルは必要になります。2年生で福島のブリティッシュヒルズという、ハリー・ポッターみたいな世界観の中で楽しく英語を学べるところへ行きます。3年生では文化祭で英語劇をやります。すべて英語でやるのはちょっと大変でした。台詞覚えるのも大変ですけど、帰国生たちに発音をすごく厳しく直されて、「もー！」みたいな（笑）。4年からは英語が表現とコミュニケーションの2つに分かれて、さらに帰国生かどうかは関係なくテストの点数によってγ、β、αと分けられるようになります。

おおた　高校課程になると、帰国生も何も関係なく、テストの点数で英語も分けられるんだ。

立野　帰国生はテストの点数がある程度低くてもγに残り続けるっていうのはありますけど、一般の生徒たちがγに上がれる可能性がすごく高くなったかなと思います。話が前後しますけど、3年生と5年生のとき、希望者は英語で物理と数学と歴史を学ぶことができます。日本語で学ぶ人たちと英語で学ぶ人に分かれるんです。あと3年生と4年生の間に、エンパワーメントプログラムといって、1週間アメリカのロサンゼルスに行って、クレアモント・カレッジズでドラッカーのマネジメントのスキルを学ぶことができます。私も参加しました。５年生は全員オーストラリアで１週間ホームステイします。

おおた　やっぱり特徴がそれぞれありますね。では、あえて「うちの学校こういうところがイマイチなんだ」っていうのを、手短に聞いてみたいんですけど。

小峰　そういうことはあんまり思いつきませんね。

白鳥　白鷗は２つあります。１つは校舎のこと。中学校１年と２年が東校舎で、中学３年生から高校３年生までが西校舎と、校舎が分かれてるんです。東校舎はもともと小学校だった建物なので狭くて。校庭が地元の小学校より小さいんです。２つ目は中学校の給食。弁当かランチボックス（給食センター）か選べるんですけど、たぶん小石川も一緒だと思うんですけど。

立野　立川国際もいっしょです。

白鳥　衛生上、冷たくしてるんです。それが冷たくて美味しくないというのがあります。弁当持ってくのは面倒臭いけど、ランチボックスにすると美味しくない。

武田　私も２つあって、まずブラックなんですよ。忙しいんです。スケジュール的にそれは無理だろうってことが多い。文化祭とかを派手にやりたいのに、直前まで授業もするから、直前にすごい大変な思いをしたり。あとお祭りの期間を長くしたくないのか、先週の土日が文化祭で、今週の金曜日が体育祭なんです。つらいじゃないですか（笑）。そうやって無茶なスケジュールで押し切るところがあります。あと高校から2クラス分、80人高入生が入ってきます。進度が違うので、高校1年の間はクラスが完全に分かれているんですけど、仲が悪い。お互いそんなに関わりがあるわけでもないんですけど、お互いちょっとバカにしあっているというか。

おおた　リアルだ……。

立野　私はさっき何個か言っちゃったんですけど、立川国際は帰国生に勉強してない子が多いので、それに引っ張られて中だるみしやすいっていうのと、英語の授業で思ったより帰国生と接することができないこと。そして全部帰国生絡みで申し訳ないんですけど、日本人学校しか通っていなかったみたいな帰国生もときどきいて、必ずしも語学が得意ではないことも……。

おおた　帰国生の役割を果たしてないじゃんみたいに感じるわけね（笑）。

立野　帰国生たちからもうちょっと語学を学びたかったなというのはあります。

おおた　お勉強のことも聞いてみたいんですけど。実感として、結構勉強させられてるなって感じはありますか？

小峰　あります。
白鳥　あります。
立野　成績が悪すぎると補習とか追試とかはあるし、勉強時間を書かされたりはするんですけど、それについて咎められたりは特にないです。
おおた　勉強しろプレッシャーは常に発せられてる感じ？
武田　武蔵はそうですね。普通に勉強しないとつらいっていうか。進度が速くて結構大変です。
おおた　比べる基準はあいまいなんだけど、実感として宿題は多い？
小峰・白鳥・立野　うんうん。
おおた　それなりに負荷感があるってことだな。へたな私立よりやらせてるかもしれないね。
武田　私は日ごろの宿題はほぼゼロに近いです。もちろん長期休み期間はたくさんあるんですけど。
おおた　日ごろは宿題ない代わりに予習復習をやるってこと？
武田　そうです。授業についていくのが大変だし、テストも難しいので。問題集の提出をこまめに求められるわけではないので、自分でちゃんとやって、ちゃんとわかってれば大丈夫なんですけど、学校がどうにかしてくれるわけじゃない。けど、どんどん進んでいくっていう。

おおた　それで言うと小石川・白鷗はこまめに宿題を出される？

白鳥　白鷗はたぶん多いかなと思います。「辞書は友達、予習は命」って言葉があるんですけど、国語と数学と英語の予習が毎回宿題みたいになってて。宿題でいうと、休み中の宿題が多くて。ゴールデンウィーク中もゴールデンウィーク用の宿題がボンと出る。今週文化祭なんですけど、文化祭の振り替え休日の宿題も出ます。全然休ませてくれない感じです。

おおた　すごいね。

小峰　小石川の宿題はそれなりに。でも提出を求められる宿題は長期休暇だけなので、普段の宿題を何もやっていなくても基本はそのままです。それで理解できていなかったらもうサヨナラみたいな。

おおた　ここやっときなさいよ、みたいなことは言われるんだけど、チェックはしないということだね。

小峰　授業中に答え合わせはするんですけど。

おおた　中学生のころって1日何時間ぐらい勉強してた？

立野　1時間するかしないか。いや、1時間はしてないです（笑）。

おおた　高校入って勉強時間増えた？

立野　増えてないです（笑）。

武田　全然してないです。

おおた　習い事は続けてるの？

武田　続けてます。

おおた　それやりながら部活も？

武田　部活は週に5〜6回です。勉強をしてる子はしてます。学校としては1日2時間は勉強しなさいって言ってます。

立野　立川国際は1〜2年生は1日2時間、3〜4年生は1日3時間、5〜6年生は1日4時間以上しなさいって。

おおた　武蔵は高1でも1日2時間？

武田　いえ、中学生のときが1日2時間。高1は3時間しようねと。実際してる人はしてますけど、してない人は全然してません。

白鳥　僕は全然してなくて、宿題も朝早めに学校行って、学校で終わらせる感じです。

おおた　それで終わるんだ。

白鳥　はい、終わります。結構早めに行って、家ではあんまやらない感じです。

おおた　何時間勉強しなさいとは？

白鳥　特に言われないです。

おおた　小石川は？

小峰　1日1時間くらい。高校に入るとたぶん言われたこと全部こなすには2時間ぐらいかかると思います。でも、やってる人はやるし、やらない人はやらない。テスト前に1日12時間とか、そういう人がいっぱいいるんですけど。0時間という人もいるので、差があります。

おおた　1日何時間勉強しなさいというのは？

小峰　2時間です。中高ずっと2時間。

おおた　ずっと2時間ていうのと、1時間から始まって最終的に4時間ていうのと、学校によってスタンス違うんだな。夏休みも結構たんまり出た？　問題集とかがゴソッと出るの？

一同　はい。

おおた　中高一貫校で良かったなということは？

立野　あります。私は中3の時期を利用して、マンツーマンの英会話に通い始めました。外国人の先生と2人で話せるところがあるんですけど、そこに時間を割くことができたのと、他の語学の勉強に時間を割くことができました。

おおた　すごいな！　英語に限らず語学が好きなんだ。

武田　私は習い事と部活に明け暮れて。普通の中3だったら習い事のコンクールとかに出ている場合ではなかったと思います。

おおた　それは狙いどおりだもんね。

白鳥　中3の1年間は気持ち的にすごい楽で、中学校で受かっておいて良かったなと思います。楽な気持ちのおかげで、学校行事も部活も1年中楽しめました。

小峰　受験がなかったので、よく友達と遊びました。

おおた　最後に一言ずつまとめて聞きたいのが、いまもっている目標、夢。大学のことでもいいし、将来の仕事でもいいし。あとenaで学んだことがいま役立ってるなと感じるシーンがあったら、教えてください。

立野　将来の夢としてはやはり国際的に活躍したいと思っています。ｅｎａで、文章の構成や組み立てなどを素早くできるようになっているので、その分国語とかはいますごく楽にできてるかなと思います。

おおた　イメージしている大学は？

立野　大学のことはまったく考えてないです。

武田　私はさんざん学校からいろんな情報を与えられながら、全然将来は定まってないんですけど。苦手ではあるんですけど、学校の教育のおかげもあって理系に興味があるので、そっちに進めたらなと思っています。

おおた　内臓ってことは医者、外科医を目指す？

武田　そうかもしれません。ｅｎａではやっぱり、自分の意見・考えをまとめる力が育ったと思います。ディスカッションをするにしても、外部の人に話す機会でもスラスラ言葉が出てきやすいです。

おおた　パッと聞かれてパッと答えられるもんね。

武田　そういうところは鍛えられたかなと思います。

白鳥　将来は文系に行って、商学部に行って、金融関係に就きたいなと思ってます。大学はまだはっきり決まってないんですけど。ｅｎａの作文の授業の経験が、いまになって現代文の問題を解くときに役に立ってるかなと思います。

小峰　将来はパイロットになれればいいなと思いますけど。けっこう現実的じゃないので、まあ無理だなって判断したら外交官とか国家公務員かなと考えています。

おおた　パイロットが無理なら外交官か、すごいな！

小峰　大学は文系で、できれば国公立のほうが親は楽かなと思います。

おおた　国家公務員になるんだったら東大だよな。

小峰　ですかね。ｅｎａで学んで良かったことは、長文を読んだときにパッと要約ができるようになったことです。

おおた　みなさん、小学生のときに学んだことが、いま勉強するうえでも役立っていると感じているわけですね。

第5章

私立受験にも大学入試改革にも対応

◆enaが都立高校受験でも躍進した理由

これまでさまざまな角度から公立中高一貫校受検について見てきたが、ここで一度冷静になる必要がある。東京都の公立中高一貫校の倍率は5〜8倍である。いくらenaで対策したとしても、大量の受検生が不合格になっている事実は疑いようがない。そこでenaは2つの施策を講じた。

1つは、enaで対策したのに都立中高一貫校を不合格になり普通の公立中学校に進学することになった生徒たちに対し、1年間無料で平常授業を提供すると決めたこと。

「経営的にはマイナスですが、責任としてそうすべきだろうと判断しました。そうしたらたくさん来てくれて。その子たちがのちに高校受験で思った以上に高い実績を出してくれたのはうれしかったですね。都立高校の合格実績が跳ね上がった。それで都立中高専門塾enaができあがったんです」

そう言うのは学究社の専務・池田清一さんだ。

「小学生のときに適性検査対策をしてきた子供たちと中2くらいから入塾してきた子供たちとでは、勉強に対する態度が天と地ほどに違う。しかも都立高校の推薦入試では適性検査にそっくりな問題が出ます。そうすると、都立中学校には落ちたとしても高校受験ではそこよりもレベルの高い学校に入れることも多いんです。都立中学受検でたくさんの生徒がｅｎａに集まって、その結果惜しくも合格を逃した生徒も多く残ってしまった場合、彼らが3年後、高校受験ですさまじい結果を出すんです。すでに西東京ではそういう構造になっています」

２０１７年度の合格実績は、立川高校92名、国立高校77名、八王子東高校59名。

「ｅｎａが都心部にも教室を増やしたのは最近ですから、3年のタイムラグを考えると、来年再来年あたりには都心部でも似たような状況になるのではないかと予想しています。『なんでｅｎａって新宿高校にこんなに合格者を出しているんだ？』みたいに（笑）」

第2章のために、ｅｎａの某教室に授業の見学に行ったときのこと。校舎長のY先生が、保護者からの電話を受けていた。Y先生の口調には熱がこもっていた。私はそば耳を立てた。

「絶対に合格できるとは申し上げられません。都立中学校の入試は私立とは比べものにならない高倍率です。ｅｎａで対策しても合格できるのは3人から4人に1人です。それでも私は、いま勉強する価値があると思っています。私がこんな仮定を口にするのもおかしな話ですが、仮に都立中学校に不合格になってもそれは『負け』だとは思わないんです。いましている勉強は決して無駄にはなりません。いまこの勉強をしておけば、仮に地元の中学校に進学することになったとしても、中学生になってからの学習態度がまるで変わりますから」

わが子の成績に不安を感じている保護者へのはげましだ。

あとでY先生が私に補足する。

「適性検査対策は、知識を詰め込むだけ詰め込んで、試験が終わったら忘れてしまうというような勉強ではありません。一度身に付けたら忘れることのない深みのある勉強です。それは高校受験にも活かせる学力です。適性検査対策の勉強は、受検するしないにかかわらず、本来であればすべての小学生が学ぶべき内容だと思います」

文部科学省のいうところの「確かな学力」に相当する。

◆私立中高一貫校も適性検査を開始

ｅｎａが講じたもう1つの施策は、私立中高一貫校への働きかけである。

「公立中高一貫校の出現、都立高校の大学合格実績回復などがあり、三多摩地区などといわれる東京西部地域の私学は生徒集めに困っている様子でした。これは変だなと感じました。公立中高一貫校は異常な倍率になっていて、合格できない子供たちがたくさんいるんです。だったらその子たちに、私学を受けさせてあげたいと考えました。そこでもともとつながりのあった西東京の２つの私立中高一貫校を訪問し、適性検査型の入試を実施することを提案しました。実際その２校が適性検査型入試を実施したところ、受験者が大量に増えました。そこからほかの学校も同様の入試を実施するようになりました」

公立中高一貫校同士は併願ができない。たとえば東京都の場合、都立中学校はすべて２月３日の同日に入試を行うからだ。そこで別の日に私立中高一貫校が適性検査型の入試を実施すれば、公立中高一貫校を目指す受検生たちの挑戦の機会は増える。

いまでは多くのｅｎａ生たちが私立も受ける。ただしその大半は２月３日の本番を前に、実際の入試の雰囲気に慣れるためのいわゆる「お試し受験」である。

公立中高一貫校に落ちて私立に合格しても、私立には進学はしないケースのほうが多い。大きなネックがあるからだ。初年度は１００万円にもなる私立中高一貫校の授業料である。６年間通うと小さなベンツが買えるほどの額になるとよくいわれる。

そこで私立中高一貫校も考える。「特待生」の制度を設けるのだ。優秀な生徒が来てくれて、6年後に高い大学進学実績を出してくれるのなら、授業料を免除してもいいということだ。特待生にもさまざまな種類があり、特待生の資格を得たからといって6年間の授業料がすべて不要になるわけではないが、大幅に負担は減らせる。金銭面の理由から、もともとは公立中高一貫校しか考えていなかった家庭でも、選択肢は増える。

さらに東京都においては、すでに私立高校の実質無償化（収入制限あり）が始まっている。中学校の3年間を「特待生」として過ごし、高校では都の助成金制度を利用すれば、金銭的負担は実質的に公立中高一貫校に通うのと変わらない。

◆いま私立中学受験に起きている大きな変化

これがいま、私立中学受験界を席巻する大きなうねりになっている。

２０１７年9月に首都圏模試センターが調べた情報によれば、２０１８年度入試では、関東地方の私立中高一貫校のうち、約80校が適性検査型の入試を実施する予定である。形式こそ適性検査とは違うが、いわゆる4教科型の入試問題ではない「思考力入試」「自己アピール・表現型入試」「総合型・合科型入試」の実施校も合わせると、その数は１３０校にもなる。

首都圏には約300の私立中高一貫校があるといわれている。その半数近くが何らかの形で、従来の私立中学入試とは違うタイプの入試を行っているのだ。最初は、生徒集めがままならない中堅私学が公立中高一貫校の「おこぼれ」をもらう戦略だと思われていた。しかし潮目は変わってきている。

従来の4教科型の入試をやっていたのでは、人気上位の学校から順に偏差値の高い生徒を取ってしまう。しかし知識の詰め込みで稼いだ偏差値と「確かな学力」は必ずしも一致しない。募集定員の一部を適性検査型入試や思考力型入試に割り当てることで、これまで入学してこなかったタイプの学力をもつ生徒が入学してくることが、わかってきたのだ。

速く正確に計算する能力や知識量では劣っていても、長文を丁寧に読んで正しく読解する力や自分の考えをわかりやすく文章にまとめる力のある子供たちが入学してくれるようになったのだ。

1学年の中に多様な学力をもつ生徒が混在し、お互いに得意分野を活かし、良い影響を与え合う。アクティブ・ラーニングなどを実施する中で、それが思わぬ教育効果をもたらすことがわかってきた。

このような流れができた背景としてはもちろん大学入試改革に向けての動きがある。さらに大きな視野で言えば、21世紀型の学力と呼ばれる「新学力観」への社会的関心がある。その方向性に公立中高一貫校の適性検査が一致しており、公立中高一貫校の出現が、私学の危機感を煽る一方で潜在的な中学受験者層を掘り起こしたのである。

◆適性検査にそっくりな2020年の大学入試

図13を見てほしい。これは2015年12月に公表された「大学入学希望者学力評価テスト(仮称)で評価すべき能力と記述式問題イメージ例【たたき台】」である。要するに2020年度以降実施される予定のセンター試験に代わる共通問題の青写真である。公立中高一貫校の横書きの適性検査とそっくりではないだろうか。

図14は、2017年5月に公表された「大学入学共通テスト(仮称)記述式問題のモデル問題例」の国語である。これも、公立中高一貫校の縦書きと横書きの適性検査を組み合わせたような問題ではないだろうか。

Y先生は保護者との電話で、適性検査対策の勉強が高校受験にも活きると言っていたが、2020年以降の大学受験にも活かせそうなのである。

池田さんはこのサンプル問題が公表されてすぐに公開授業を開き、保護者たちの見守る前で生徒たちにサンプル問題を解かせた。そして生徒たちは期待通りに見事な答案を作成できたという。最高のパフォーマンスである。

池田さんはさらに言う。

「ｅｎａで鍛えていれば、適性検査型入試に限らず、一般入試で受けても上位の私立中高一貫校に合格できます。四谷大塚の偏差値で60くらいまでなら通せます」

都立の小石川や武蔵は四谷大塚の偏差値表でも60以上の位置にあるのだから、いわれてみれば当然だ。むぎっ子広場の畠山さんの「教科書＋１００～２００％」の感覚とも一致する。首都圏の公立中高一貫校に本気で対策をするのなら、私立中高一貫校の上位校くらいまでを受けても合格できる可能性があるということだ。

要するに、公立中高一貫校受検対策をすることで、３つの選択肢が得られるようになる。１つは公立中高一貫校への進学。もう１つは私立中高一貫校への進学。そして地元の中学校に進学して、適性検査対策の経験を活かして高校受験で難関都立高校に進学するという選択。12歳での努力は決して裏切らないのだ。

問題イメージ<例1>

Cさん：私は，交通事故の死者数が平成2年（1990年）以降減少傾向になっているのには、医療の進歩がかかわっていると思います。交通事故にあって救急車で運ばれ一命を取り留めた人が，搬送先の病院で，「以前であれば助からなかった」と医師に言われたという話を聞いたことがありました。どういうことかというと，昔は事故にあって助からなかった命が助かるようになってきたので，事故の数は増えても亡くなる人は減り続けてきたのではないかと思います。

その裏付けとなる資料として，例えば，交通事故における救急車の出動回数の推移と救命率の推移が分かる資料が考えられます。その資料を見れば，[イ]のではないでしょうか。

Dさん：私は，みなさんの意見を聞いて，次のように話し合いの内容を整理してみました。
Aさん，Bさん，Cさんは，3人とも，3つのグラフを比べて1つのグラフだけが異なる傾向を示している現象に着目し，その要因について仮説を立て，その根拠として考えられる資料を挙げて，その資料から推測される内容を述べられました。

これから，皆さんの仮説を検証するための検討や資料収集をしていきましょう。（以下，省略）

問1　Bさんは，下線部(a)「つまり」以下で，どのような内容を述べることになるか。
空欄[ア]に当てはまる適切な内容を40字以内で書きなさい（句読点を含む。）。

問2　空欄[イ]でCさんはどのように発言したでしょうか。あなたが考える内容を，80字以上，100字以内で書きなさい（句読点を含む。）。

<解答例>

問1　ア　自動車の安全性が向上してきたので，死者数は減ってきた（26字）

問2　イ　救急車の出動回数については交通事故の発生件数や負傷者数とほぼ同様に上昇傾向で推移しているのに対し，救命率については死者数の推移とは逆に上昇傾向で推移していることが分かる（84字）

出典：文部科学省

【図13】「大学入学希望者学力評価テスト(仮称)」【たたき台】

問題イメージ<例1>

国立教育政策研究所「特定の課題に関する調査(論理的な思考)」(平成24年2月実施)より一部改題

次の文章とグラフを読み，後の問いに答えよ。

次に示すのは，警察庁事故統計資料に基づいて作成された交通事故の発生件数，負傷者数，死者数のグラフと，この3つのグラフを見て，交通事故の死者数が他よりも早く，平成2年(1990年)以降減少傾向になっていることについて，4人の高校生が行った話し合いの一部である。

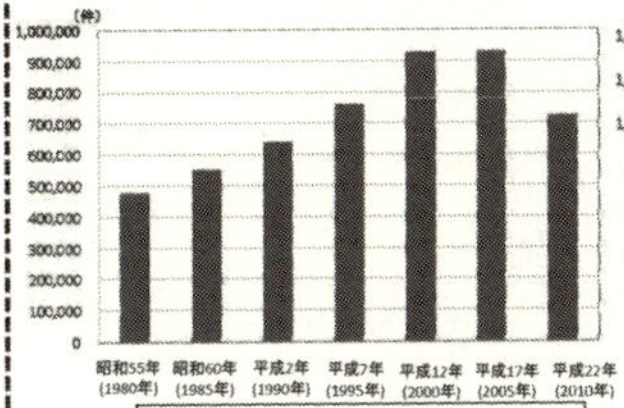

グラフ1:交通事故の発生件数

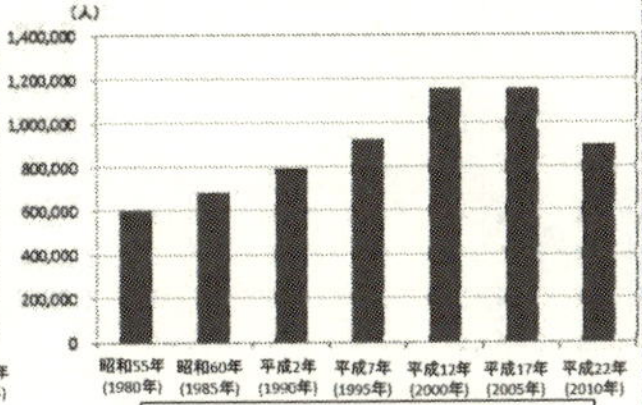

グラフ2:交通事故の負傷者数

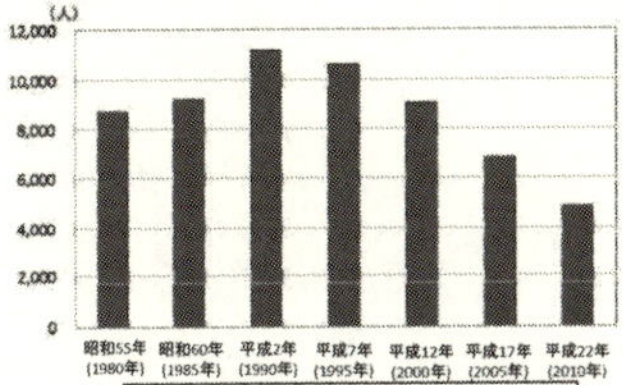

グラフ3:交通事故の死者数

Aさん:交通事故の死者数が他よりも早く，平成2年(1990年)以降減少傾向になっているのは，交通安全に関する国民の意識の変化が関係しているのではないかと思います。

その裏付けとなる資料として，「交通違反で検挙された人数の推移が分かる資料」があると思います。その資料を見れば，飲酒運転やスピード違反など，死亡事故につながるような重大な違反の割合が少なくなっていることが分かるはずです。

Bさん:私は，この30年間で販売されてきた自動車の台数と安全性に関係があると思います。

(a)つまり，自動車の台数は年々増加し続けているので事故件数と負傷者数はなかなか減らなかったけれども，［　　　ア　　　］ということです。

例えば，最近30年間における，「車の総販売台数の推移が分かる資料」と，「車の安全に関する装置の装備率の推移が分かる資料」があれば，このことを裏付けることができると思います。

【図14】「大学入学共通テスト（仮称）」記述式のモデル問題例

モデル問題例1

かおるさんの家は、【資料A】の「城見市街並み保存地区」に面している、伝統的な外観を保った建物である。城見市が作成した景観保護に関する【資料B】「城見市『街並み保存地区』景観保護ガイドラインのあらまし」と、かおるさんの父と姉の会話を読み、後の問い（問1～4）に答えよ。

【資料A】

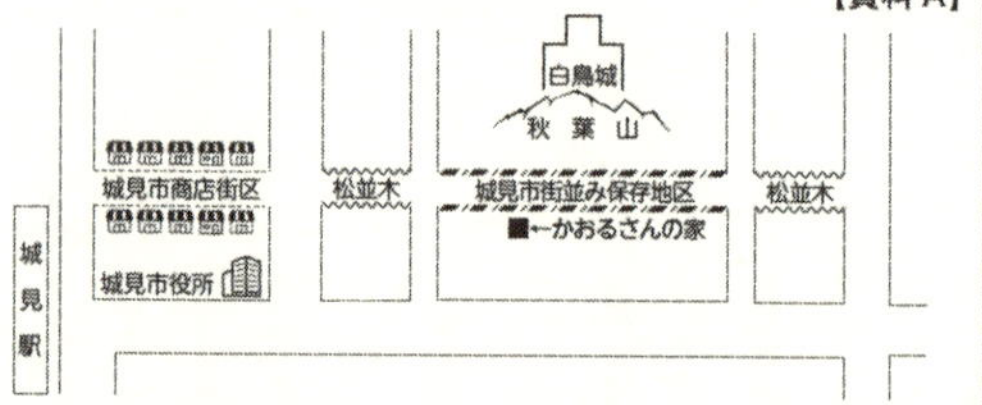

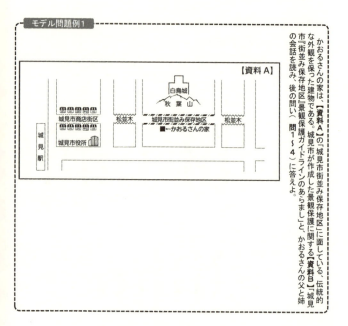

モデル問題例1

【資料B】

城見市「街並み保存地区」景観保護ガイドラインのあらまし

ガイドラインの基本的な考え方

城見市「街並み保存地区」一帯は、市名の由来にもなっている秋葉山山頂に築かれた白鳥城下を通る、旧街道の伝統的な道路遺構と街並みからなります。その街並みと自然とが呼応し、そこに集まる人々によって文化と共に育まれてきたところにその特徴があります。

私達は、「街並み保存地区」に限らず、城見市が育んできた歴史、文化の特質を尊重し、優れた自然と景観に対して十分配慮するとともに、この自然と景観を維持、保全、育成しなければなりません。そのためには、住民、企業、行政など全ての人々が城見市の景観に対するさらなる意識の向上を図り、貴重な財産であることを深く認識し、この美しい景観を将来の世代に引き継ぐ責務を負っているのです。

景観保護の目標

ア　市役所周辺から商店街区にかけてのにぎわいを連続させるとともに、都市の顔として風格のある空間づくりを進めます。

イ　秋葉山の眺望や松並木などの景観資源を活用し、親しみがあり愛着と魅力を感じる街並みを形成していきます。

ウ　広域からの外来者のある、観光や伝統行事などの拠点にふさわしい景観づくりを進めます。

景観保護の方針

・松並木及び「街並み保存地区」の植栽を保全し、街並みや秋葉山の景観との調和を図ります。
・建築物の壁面、広告物や看板の色彩については、原色などの目立つものを避け、伝統的建築物との調和を図ります。
・個人住宅を含めて、建物外面の色調を落ち着いたものとし、壁面の位置や軒高をそろえます。
・一般及び観光客用の駐車場や街路のごみ箱、ごみ収集時のごみ置き場は目立たないように工夫します。
・「街並み保存地区」は自動車の出入りを制限し、ゆとりある歩行空間を確保します。
・議会等との協議を通して、景観を保護するために必要な予算があれば、その計上を検討していきます。

モデル問題例1

姉「（住民対象の説明会から帰ってきた父に）お疲れさま…説明会、どうだった？」
父「ああ、これ、資料だよ。（【資料B】を姉に渡す）…最近、うちの周りもそうだけど、空き家が多くなってきたよね。この間も、少し向こうの空き家の裏口のカギが壊されたりしたそうだけど、このままだと治安の面が不安だ。それが取り壊されても、その跡地に『街並み保存地区』っていう名前にふさわしくない建物が建てられてしまうかもしれない。地元の企業がまちづくりの提案をしているという話も出ているしね。そこで市としては、ここでガイドラインを示して景観を守ることで、この一帯を観光資源にしていきたいという計画らしいね。つまり、一石二鳥を狙った訳さ。」
姉「なるほどね。それで、うちの周りはどうなるの？」
父「うちの前の道路、『ゆとりある歩行空間を確保』っていう話だったから、電柱を移動させるか、電線を埋設するかになるんだろうけど、狭いままだってことには変わりないな。」
姉「我が家の外壁を塗り直そうかって時は、その費用は市が負担してくれるの？」
父「多分、それはないんじゃないか。市の予算は、公共の環境整備に使うだろう。」
姉「あれ、そうなの？…　ところでお父さんは、このガイドラインの導入について、どう思ってるの？」
父「私は反対だよ。住民の負担が大きすぎるね。外壁の塗装も建物の改築も、すべて周辺の景観に配慮した上で、適切な対応を自己負担で考えなければいけない。これじゃあ、引っ越した方が気が楽だ。かえって空き家を増やすだけだと思うよ。」
姉「でも、今のままだと、ここはどんどん衰退していくだけだよね？　住民がいなくなると、この街の文化や歴史の一部が途絶えてしまうよね。この辺って、道路も狭いし、家も古いけど、この街並み、私は結構好きだな。だから、マイナスだと思っていることでも、逆にこの街の魅力にしたら、観光客にＰＲすることもできるんじゃないかな。街並みを整備して、地域の魅力づくりに成功したら、ここから出て行く人が少なくなって、空き家も減るよ。そうしたら、この街は守られるよね。」
父「それは希望的な推測だし、感情論に過ぎないね。実際問題として、ガイドラインの通り、古い街並みを残すとしたら、家を改築する時に、デザイン料にせよ材料費にせよ、通常以上の自己負担が必要になる。これじゃ、地域住民の同意は得られないよ。」
姉「私は、ある程度の住民の自己負担は必要だと思う。こういう地域づくりって、行政に任せっぱなしにしたままで、私たち地域住民は受け身でいていいのかな。それに、ガイドラインには広告や看板の色彩のことも書いてあるけど、これからは、自然環境も含めて、そうした住環境も大事にしないといけないと思うの。確かに色々と制約があるし、お金もかかるけど、『地域を守り、地域の魅力を作っていくのは、他でもない私たち自身なんだ』っていう意識を持って、私たちの生まれ育ったこの街を守っていくためには、ある程度の自己負担も必要だよ。」
父「私も、すべて行政に任せちゃえばいいとは思ってないよ。だけど、個人の家や庭に手を入れることは、本質的にその人の自由意志だし、住民の利便性を考えた道路整備は間違いなく行政の仕事だ。ところがガイドラインに従うと、古い家を思うように直すこともできないし、狭い道もそのまま使うっていう不自由を、住民に強いることになる。現実的に発生する問題から目をそらして、感情論で地域づくりを語っても、そんなものは絵に描いた餅に過ぎないよ。」
姉「じゃあ、このまま何もしなくていいの？　街がさびれていく様子を、ただ黙って見てろってこと？」

モデル問題例1

問1　会話文中の傍線部「一石二鳥」とは、この場合街並み保存地区が何によってどうなることを指すか、「一石」と「二鳥」の内容がわかるように四〇字以内で答えよ（ただし、句読点を含む）。

問2　ある会社が、「街並み保存地区」の活性化に向けた提案書を城見市に提出した。次の文章はその【提案書の要旨】である。これに対して、城見市は、ガイドラインに従って計画の一部を修正するよう、その会社に求めた。どの部分をどのように修正することを求めたと考えられるか、三十五字以内で述べよ（ただし、句読点を含む）。

> 【提案書の要旨】
> 複数の空き家が連続して並んでいる場所を再利用した商業施設を作りたい。古くて味わいのある民家を最大限活用したカフェ、洋服屋、本屋、雑貨屋、美容院などを総合的にプロデュースすることで、「一度は行ってみたい」まちづくりに貢献したい。初めて訪れる観光客にも親切なように、目につきやすい色の看板を数多く配置し、行きたい店をすぐに探せる配慮をする。また、住民にも利便性の高い店の誘致を進める。

問3　会話文から読み取ることができる、父と姉の「景観保護ガイドライン」の導入についての議論の対立点を、「～の是非。」という文末で終わるように二〇字以内で述べよ（ただし、読点を含む）。

問4　父と姉の会話を聞いて、改めてガイドラインを読んだかおるさんは、姉に賛成する立場で姉の意見を補うことにした。かおるさんはどのような意見を述べたと考えられるか、次の条件に従って述べよ（ただし、句読点を含む）。

条件1　全体を二文でまとめ、合計八〇字以上、一二〇字以内で述べること。なお、会話体にしなくてよい。

条件2　一文目に、「ガイドラインの基本的な考え方」と、姉の意見が一致している点を簡潔に示すこと。

条件3　二文目に、「経済的負担」を軽減する方法について述べること。

条件4　条件2・条件3について、それぞれの根拠となる記述を【資料B】「城見市『街並み保存地区』景観保護ガイドラインのあらまし」から引用し、その部分を「　」で示すこと。なお、文中では「ガイドライン」と省略してよい。

＜正答例＞

問1 景観を守るガイドラインによって，治安が維持され観光資源として活用されること。(38字)

問2 看板は目につきやすい色ではなく，伝統的建築物と調和した色彩にすること。(35字)

問3　例①　個人の自由を制限し，自己負担を求めること（の是非。）(20字)
　　　例②　自己負担や制限を受け入れて進めること（の是非。）(18字)

問4 姉の意見は，「全ての人々」が「意識の向上」を図り，「景観を将来の世代に引き継ぐ」というガイドラインの考え方と一致している。また，方針に「景観を保護するために必要な予算があれば，その計上を検討」するとあるので，補助が受けられる可能性がある。(119字)

出典：独立行政法人大学入試センター

◆ゆるい中学受験のすすめ

12歳での努力は決して裏切らない。これは公立中高一貫校対策に限ったことではない。私立中高一貫校の受験勉強だって、正しくやれば「確かな学力」が身に付く。逆にそれ以上に負荷をかけて知識を詰め込んで偏差値を5や10上げたところで、それにどれほどの価値があるのか。

実際のところ、受験勉強は構造的に過酷になりやすい。資格検定試験と違って、一定基準を満たせば全員合格ということにはならない。自分が100頑張っても、ライバルが101頑張れば、自分は落ちてしまう。だから自分は102頑張る。それをくり返していくと過当競争が生じる。

難関私立中高一貫校受験においては、すでに競争が過度になっているきらいがたしかにある。受験テクニックが確立し、みんなが同じ勉強をしているので、より多くの量をこなした者が戦いを制する構図になっているのだ。そうなると、無理をしてでも量をこなそうとする者たちが出てくる。中にはつぶされてしまう子供もいる。

その意味で、第2章で見たenaの授業のいい意味での〝ゆるさ〟は私の目には新鮮に映った。

生徒たちは決してふざけているのではない。気を抜いているのでもない。でもどこかに余裕があった。第4章の、元ｅｎａ生たちのコメントからも、「自分たちは普通の中学受験生徒とは違う、ちょっとゆとりがあるけどより本質的な中学受検勉強をしている」という自負が感じられた。

12歳が自分の未来を切り拓くために行う努力として、これくらいがちょうどいいのではないかと感じた。私立中学受験にも、これくらいの〝ゆるさ〟があっていいのではないかとつい思ってしまう。筋のいい子供なら、それで実際に偏差値60くらいの私立中高一貫校にも合格できてしまうというのだから。

過当競争が生じてしまうのは、進むレールが単線で、価値評価基準が1つである場合だ。公立中高一貫校ができ、私立中高一貫校にも適性検査型入試が導入され、多様な進路、偏差値では表しきれない学力観が広まれば、幾分かは競争も緩和するかもしれない。

固定化され過当競争化してしまっている私立中学受験の価値観を揺さぶる意味で、公立中高一貫校やｅｎａのようなスタイルの塾が存在感を増すことは歓迎されるべきだろう。

◆公立中高一貫校はさらに難関化するのか？

気になることもある。

たとえば東京都の場合、2005年の白鷗の開校から、2010年の大泉、富士、三鷹、南多摩の開校まで、区立九段も含めれば、たった6年間で11もの公立中高一貫校ができた。いわば「市場」が拡大する中で、それにともないenaも生徒を増やし、合格者数を拡大してきた。

しかし今後の新規開校の予定はない。募集定員は固定された。みんながenaおよびそれに類する公立中高一貫校対策塾に通い努力を重ねるとすれば、遅かれ早かれ私立中学受験と似たような構造ができあがるかもしれない。限られた狭き門に多数の志願者が集えば、競争が激化するのは当然だ。

公立中高一貫校の見た目の倍率は下がっている。しかしそれは、そもそも本気度が低く合格可能性の低い子供たちが受検しなくなったためで、合否をめぐる受検者同士の攻防はむしろ厳しさを増しているはずだ。灘や開成の倍率が、3倍程度以上には上がらないのと同じ理屈だ。

その点を、むぎっ子広場の小山勇司さんが心配する。

「一部の塾が公立中高一貫校攻略法を掲げ、それが浸透してしまうと、当然競争が激化し、子供への負荷は大きくなります。私立中学受験の場合はそれでも各校の校風や教育理念に憧れて『何が何でも開成』とか『何が何でも灘』という人たちが一定数いるのですが、公立中高一貫校の場合はどうでしょう。あまりにも難関化して負荷が大きくなるのであればその反動で、『高校で受験すればいい』という人たちが増えてしまうのではないでしょうか。そこにある種の損得勘定が働く気がします。少なくとも東京都においては次々と学校が新設されて勝手にマーケットが拡大していく局面は終わりました。一部塾による寡占化、攻略法の確立が進むと逆に公立中高一貫校のマーケットが萎縮する可能性があります。ぜひ適性検査の質を上げて、受検テクニックで受かる次元を超越してほしい」

全国的にはどうか。

「全国的に見ても、公立中高一貫校の新設ラッシュは終わっています。すでにできている公立中高一貫校に対する評価が高ければもっと新設が続くはずだと思うのですが、現実にはそうなっていません。またたとえば、福井県と石川県には１校ずつしかありません。もともと公立高校入試がうまくいっていて、『全国学力・学習状況調査（全国学力テスト）』

でも上位の県ですから、わざわざ公立中高一貫校を受検するインセンティブが働きにくいのでしょう。単に学力を競い合うだけではなくて、学校ごとの特徴を出すようにしないと、公立中高一貫校の存在意義も、そのうちかすんでしまうかもしれません」

その危機感はｅｎａも同じだ。これ以上東京都の公立中高一貫校の定員は増えない。同じ教室の中で生徒同士を過当に争わせても虚しい。

◆下からの大学入試改革が始まっている!?

ただでさえ、不合格になる確率の高い受検である。ｅｎａのみならず、適性検査対策を指導する各塾や指導者には、たとえ不合格になったとしても「やって良かった」と思える本質的な学びの体験を子供たちに提供することを、さらに追求していってほしい。

２０２０年度以降予定されている大学入試改革には、大学入試を変えることで、その下の教育をドミノ倒し的に変えていこうという思惑があった。しかしいまのところわかっている情報によれば、当初の理想とはだいぶ違う落としどころに収まりそうな雲行きだ。結局何も変わらないのだろうか……。

公立中高一貫校という新しい形態の学校が出現し、学力試験を行ってはいけないという縛りの中で適性検査という新しい形態の入試が登場し、それに対応する塾が躍進し、いままでになかった授業が生まれた。この一連の流れが、自然発生的に生じたことに、私は小さな希望を感じている。

私はいま、この国の教育は、意外と下から変わっていくのではないかと、うすうす感じている。そしてその動きは、同時多発的に、おそらくすでに始まっている。

おわりに

まさに本書の執筆中、中学生の約25％が教科書レベルの文章を十分に読解することができない状態にあるという研究調査結果が報道された。この国の教育の不都合な真実として、SNSなどでも盛んにシェアされていた。「このままでは未来の社会が危ない」というような論調も見られた。

しかし中学校の教科書レベルの文章が読解できない大人はもしかしたらもっと多いかもしれないと私は思った。

文脈や行間を読み取らず、切り取られた言葉だけが一人歩きをして炎上する。政治家は意味のわからない言葉をただ並べて、まともに質問に答えようともしない。そのことに国民も大きな疑問をもたない。

イギリスのEU離脱国民投票やアメリカ大統領選の結果を受けてある海外メディアは、客観的な事実より仮に虚偽であっても個人の感情に訴えるもののほうが強い影響力をもつ状況を「ポスト・トゥルース（脱・真実）」と揶揄した。

現在国の内外での混乱を見るに、日本もすでに十分に「ポスト・トゥルース」化していると私は思う。

もとを正せば、教育の機能不全が原因だ。真実を読み取る力、真実を見出す力、真実を探る力が、大人にこそ足りていない。社会の中にはこれだけ問題が山積みだというのに投票率が著しく低いことも、その証左だ。

民主主義社会における教育のいちばんの役割は、産業界のための即戦力育成などでは決してない。民主主義社会の一員として、より長期的な広い視野に立って物事を考え判断できる人を育てることである。

「教育は未来への投資」とよく言うけれど、それを、優秀な技術者を輩出して日本の産業発展に役立てようとか、グローバル人材を育てて国際競争力を高めようとかいうような短絡的な意味だけで捉えないでほしい。「今の教育の質が、未来の社会全体の質を決める」という、もっと根本的な意味がある。

ｅｎａの授業を見て、これは本来公教育の役割なのかもしれないと感じた。適性検査に合格させなければいけないという使命ゆえ、受検テクニック的な部分も多分に含まれていることはいたしかたないと片目をつむったうえでの話だが。

客観的に問題文を読み、課題を見出し、解決の糸口を探し、自分の考えをわかりやすくまとめる。教科書に出てくる内容だけを使って、十分それができる。そのことを実証していた。

同じことが普通の小学校でもできるはずだ。

1人でも多くの小学生に、小学生のうちに実感してほしい。考える楽しさと、わかる喜びと、そして一生懸命やったからこそのできなかったときの悔しさもちょっとだけ。

そうすれば、未来の社会はいまより随分と良くなるのではないかと思う。

2017年10月　おおたとしまさ

参考文献

『都立中高一貫校10校の真実』（河合敦著、幻冬舎）
『中学受験　ＳＡＰＩＸの授業』（杉山由美子著、学研教育出版）
『首都圏公立中高一貫校ガイド　２０１８年度入試用』（合格アプローチ編集部編、グローバル教育出版）
『栄冠２０１８年度受検用　公立中高一貫校適性検査問題集　全国版』（みくに出版）

青春新書
INTELLIGENCE

こころ涌き立つ「知」の冒険

いまを生きる

"青春新書"は昭和三一年に——若い日に常にあなたの心の友として、その糧となり実になる多様な知恵が、生きる指標として勇気と力になり、すぐに役立つ——をモットーに創刊された。

そして昭和三八年、新しい時代の気運の中で、新書"プレイブックス"にその役目のバトンを渡した。「人生を自由自在に活動《プレイ》する」のキャッチコピーのもと——すべてのうっ積を吹きとばし、自由闊達な活動力を培養し、勇気と自信を生み出す最も楽しいシリーズ——となった。

いまや、私たちはバブル経済崩壊後の混沌とした価値観のただ中にいる。その価値観は常に未曾有の変貌を見せ、社会は少子高齢化し、地球規模の環境問題等は解決の兆しを見せない。私たちはあらゆる不安と懐疑に対峙している。

本シリーズ"青春新書インテリジェンス"はまさに、この時代の欲求によってプレイブックスから分化・刊行された。それは即ち、「心の中に自らの青春の輝きを失わない旺盛な知力、活力への欲求」に他ならない。応えるべきキャッチコピーは「こころ涌き立つ"知"の冒険」である。

予測のつかない時代にあって、一人ひとりの足元を照らし出すシリーズでありたいと願う。青春出版社は本年創業五〇周年を迎えた。これはひとえに長年に亘る多くの読者の熱いご支持の賜物である。社員一同深く感謝し、より一層世の中に希望と勇気の明るい光を放つ書籍を出版すべく、鋭意志すものである。

平成一七年　　刊行者　小澤源太郎

著者紹介
おおたとしまさ
教育ジャーナリスト。1973年東京生まれ。麻布中学・高校卒業、東京外国語大学英米語学科中退、上智大学英語学科卒業。株式会社リクルートから独立後、数々の育児誌・教育誌の編集にかかわる。教育や育児の現場を丹念に取材し、斬新な切り口で考察する筆致に定評がある。心理カウンセラーの資格、中高の教員免許を持ち、私立小学校での教員経験もある。
著書は『名門校とは何か?』(朝日新書)、『ルポ塾歴社会』(幻冬舎新書)、『追いつめる親』(毎日新聞出版)など50冊以上。

公立中高一貫校《こうりつちゅうこういっかんこう》に合格《ごうかく》させる塾《じゅく》は何《なに》を教《おし》えているのか

青春新書
INTELLIGENCE

2017年12月1日　第1刷

著　者　おおたとしまさ

発行者　小澤源太郎

責任編集　株式会社プライム涌光
電話　編集部　03(3203)2850

発行所　東京都新宿区若松町12番1号 〒162-0056　株式会社青春出版社
電話　営業部　03(3207)1916　振替番号　00190-7-98602

印刷・中央精版印刷　製本・ナショナル製本

ISBN978-4-413-04527-8

こころ涌き立つ「知」の冒険!

青春新書
INTELLIGENCE

「炭水化物」を抜くと腸はダメになる	松生恒夫	PI・458
図説 王朝生活が見えてくる! 枕草子	川村裕子[監修]	PI・459
繰り返されてきた失敗の本質とは 撤退戦の研究	半藤一利 江坂彰	PI・460
図説 「合戦図屏風」で読み解く! 戦国合戦の謎	小和田哲男[監修]	PI・461
ドイツ人はなぜ、1年に150日休んでも仕事が回るのか	熊谷徹	PI・462
「正論バカ」が職場をダメにする	榎本博明	PI・463
墓じまい・墓じたくの作法	一条真也	PI・464
野村の真髄 「本当の才能」の引き出し方	野村克也	PI・465
城と宮殿でたどる! 名門家の悲劇の顛末	祝田秀全[監修]	PI・466
お金に強くなる生き方	佐藤優	PI・467
上に立つと「見えなくなる」もの 「上司」という病	片田珠美	PI・468
知性を疑われる60のこと バカに見える人の習慣	樋口裕一	PI・469
上司失格! 「結果を出す」のと「部下育成」は別のもの	本田有明	PI・470
一瞬で体が柔らかくなる動的ストレッチ	矢部亨	PI・471
図説 読み出したらとまらない! ヒトと生物の進化の話	上田恵介[監修]	PI・472
人間関係の99%はことばで変わる!	堀田秀吾	PI・473
図説 どこから読んでも想いがつのる! 恋の百人一首	吉海直人[監修]	PI・474
入試現代文で身につく論理力 頭のいい人の考え方	出口汪	PI・475
危機を突破する リーダーの器《うつわ》	童門冬二	PI・476
普通のサラリーマンでも資産を増やせる 「出直り株」投資法	川口一晃	PI・477
2週間で体が変わる グルテンフリー健康法	溝口徹	PI・478
一流は、なぜシンプルな英単語で話すのか	柴田真一	PI・479
話がつまらないのは「哲学」が足りないからだ	小川仁志	PI・480
何を捨て何を残すかで人生は決まる	本田直之	PI・481